Treasures of mine !
私のとっておき

台湾ノスタルジア
百年老街めぐり

写真／清永安雄　産業編集センター／編

産業編集センター

文創市集

台湾老街《ラオジェ》は「不思議さ」と「懐かしさ」が詰まった玉手箱

今、台湾で最も注目されている人気の街歩きスポット、それは「老街」だろう。老街、日本語読みすると「ろうがい」でイマイチの響きだが、ここは現地の言葉で「ラオジェ」と発音することにしよう。

「老街」とは、一言でいえば昔ながらの古い街並みのこと。といってもただ古いだけではない。歴史ある古くて美しい建物が立ち並び、そこでしか食べられないご当地グルメや、ユニークな商品が並んだ店が軒を連ね、台湾人だけでなく外国人にとっても大いに楽しめる観光地になっている。

特に日本人にとって、台湾の老街はどこか懐かしさを感じる街並みである。というのも、老街の多くは日本統治時代に造られた、あるいは整備されたもので、百年ほど前の大正時代に、当時の日本で流行していたバロック建築で街が造られ、それらが当時のまま残っている。日本ではもう消滅してしまった昔の街並みが、ここには残されているのだ。もちろん私たちは大正時代のバロック建築など見てはいないのだが、台湾の老街を訪れると、なぜかノスタルジックな気分になる。頭の中の歴史認識がそうさせるのか、あるいは日本人のＤＮＡのせいなのか、不思議な現象である。
それはともかく、ここで、これらの老街が生まれた「日本統治時代」について、簡単に説明しておきたい。
一八九五年、日清戦争で勝利を収めた日本は、日清講和条約（下関条約）により、台湾の割譲を受け、統治することになった。清政府はそれまで台湾島の統治には消極的だったため、台湾が本格的に開発されるようになったのはこの時からである。台湾における農業政策や金融政策、鉄道などの交通網の整備、大規模水利事業などの公共事業はほとんど日本統治下で行われ、これらが後の台湾の発展の礎となった。日本に植民地支配されていたにもかかわらず、台湾の人々が「世界で最も日本や日本人に好意的で親日家が多い国」の一つに挙げられるのは、こうした事情があるからだといわれている。
もちろん日本による統治は決して良いことばかりではなく、負の部分も少なからずあった。紛糾や摩擦も繰り返し発生したことは事実で、日台の歴史を語るとき、そのことにも常に留意しなければならないと専門家は指摘している。
この日本統治時代は、第二次世界大戦での敗戦により五十年間の幕を閉じた。その後、国交は回復したが、一九七二年の日中国交正常化により日台間の公式な外交関係は消滅し、今も復活はしていない。だが、断交後も日本と台湾は民間レベルで積極的に交流し友好関係を築き、貿易の相手国としても互いに不可欠な存在となっている。

さて、その多くが日台の歴史を背景に誕生した老街だが、もちろん全てが日本統治時代のものというわけではない。それ以前の清統治時代に既にあったものもあり、それらはまた、昔の中国にタイムスリップしたような感覚になって興味深い。

老街は現在、台湾全土に百三十カ所余りあり、それぞれがその土地ならではの特徴と魅力を持っている。ほんの数十メートルの小さな通りから数百メートルに及ぶ大規模なものまであり、台湾中から観光客が訪れる大人気の老街もあれば、訪れる人もまばらな寂しい老街もある。だが多くの老街は、各地域の伝統的な姿を色濃く残し、食べたり買い物したりできる商店街になっていて、ただブラブラと散策するだけでも十分楽しめる。

この本では、北から南まで、大きな老街から小さな老街まで、特徴のある二十二カ所の老街を選んで紹介している。どこも「不思議さ」と「懐かしさ」がいっぱい詰まった、玉手箱のような街ばかりである。もちろん、他にも魅力的な老街はまだまだたくさんあるので、この本をきっかけに台湾老街にもっともっと興味を持っていただけたら幸いである。

志摩　千歳

目次

［北部］

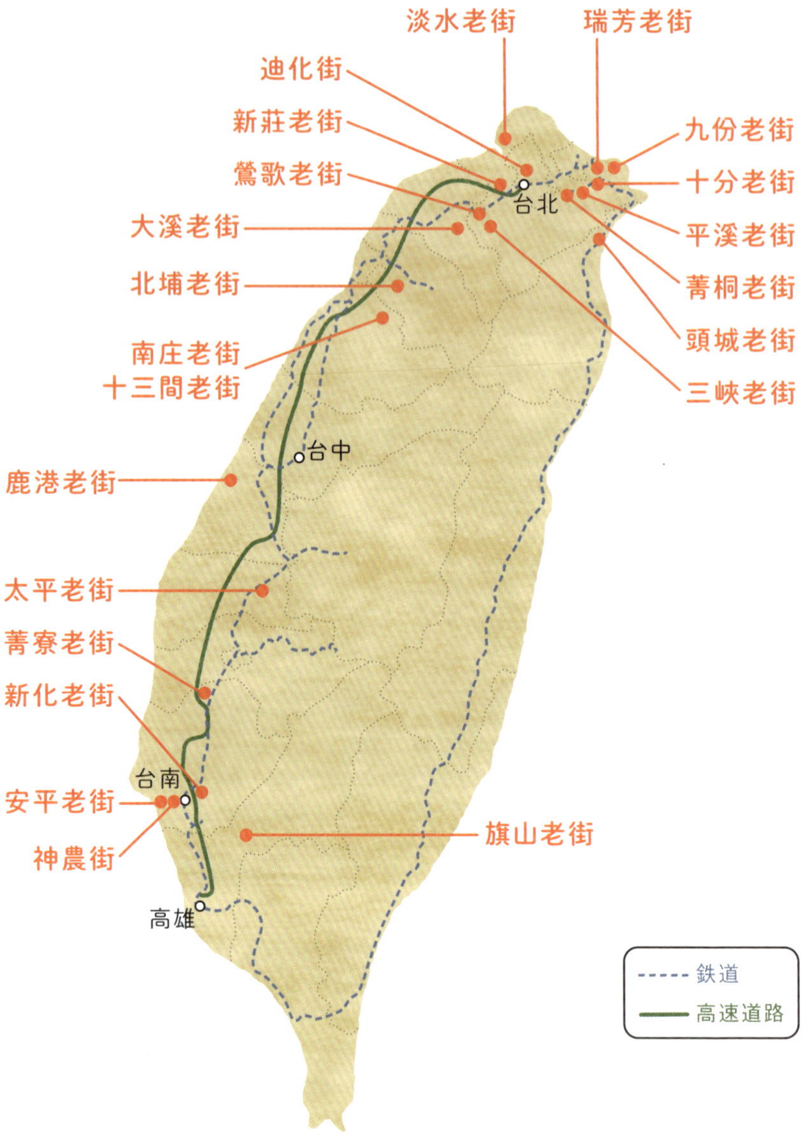
淡水老街
瑞芳老街
迪化街
新莊老街
九份老街
鶯歌老街
十分老街
台北
大溪老街
平溪老街
北埔老街
菁桐老街
頭城老街
南庄老街
十三間老街
三峡老街
台中
鹿港老街
太平老街
菁寮老街
新化老街
台南
安平老街
旗山老街
神農街
高雄
鉄道
高速道路

老街全体MAP

北部

迪化
淡水
鶯歌
三峡
頭城
新莊
瑞芳
九份
十分
平溪
菁桐
大溪

迪化街《ディーホアジエ》

全長一キロ、古さと新しさが同居する台湾一の問屋街

迪化街は、台北で最も古い問屋街である。十九世紀中頃の清朝末期から商業地区として発展し始め、その後の日本統治時代には、台湾全土から乾物、漢方薬、お茶、布などを売る店が集まり、台湾随一のにぎわいをみせるエリアになった。

南北に伸びるメインストリートは全長約一キロ、およそ三百七十棟の建物が建ち並び、その約半分が歴史的建造物という、台北市内では最大規模の老街。現在も台湾一の漢方薬や乾物の問屋街で、これらの店が通りの両側にひしめきあっている。建物も一律ではなく、中国風、バロック風、洋風、モダニズム建築など、さまざまな様式が交じっている。そしてどの建物にも「騎楼《チーロウ》」という、商店街の屋根のような役割を持つ連結したアーケードがある。日本のアーケードとは違い、通路に屋根をつけているのではなく、二階建ての建物の一階をくり抜いて通路に

しているのだ。この独特の構造も迪化街の特徴で、バロック建築の老街にはこの「騎楼」を備えた街が他にもいくつかある。雨風の影響を受けずに買い物を楽しめるので、観光客にも人気があるようだ。

漢方薬の問屋というと、日本人にはちょっと利用しにくいイメージがあるが、ここの漢方薬店はわりと入りやすく、女性向けに美容や健康、栄養系などの薬が使いやすいパックになっていたりして、漢方薬初心者でも気軽に購入できるのが特徴。乾物はカラスミをはじめ、イチジクやサンザシ、クコの実など、またドライフルーツやドライベジタブル、小豆や大豆などの豆類、日本人にも人気の各種ハーブティーなどが、日本で買うより大幅に安い値段で買える。筆者も最初は「台湾の問屋街に行って一体何を買うべきか」と疑問だったが、いざ行ってみると案外欲しいものが次々に現れて、荷物がどんどん増えていくことに我ながら驚いた。

こんなふうに、元々は問屋街として有名な迪化街だが、最近ではかなり様変わりしつつあるようで、古い建物の内部を活かしたレトロカフェやレストラン、若者向けのおしゃれな布製品や雑貨、インテリア小物、文房具など、さまざまな店が誕生していて、食べたりショッピングしたり、小物好きな女子なら一日中でも楽しめそうな街になっている。

最新の食べ歩き用の人気菓子やスナックもここかしこにあり、台湾で今、何が一番流行っているか、をリアルタイムで知ることのできる貴重なスポットでもある。

台北駅から地下鉄と徒歩で十五分ほど。台北市内で最も完全な形で残されている老街である。

コットンの布地で作った服や小物を売る店。布地の問屋なのでリーズナブル。シンプルで可愛い商品が若い女性たちに人気。

赤レンガのバロック様式の建物と石畳が美しい街並み。

手編みのカゴを主とする
おしゃれな雑貨の店。

古い洋館を改築したリノベカフェは、落ち着いていて居心地が良いと評判。

安くて美味しいと評判の北京ダック専門店。夕方には売り切れてしまうという。

なつめ、イチジク、クコの実、サンザシなど、乾物の種類は数えきれないほど。

日本人にも人気で、日本語メニューもある「阿川蚵仔麺線《アチュアンオアミェンシェン》」。麺線とは、ダシの利いたとろみのあるスープに麺を入れて煮込んだもの。

屋台で売っていた葱油餅《ツォンヨゥピン》。サクサクした皮にほんのりネギの香りがして美味しい

排骨《パイコー》　骨つき豚バラ肉を油で揚げた料理。醤油味のタレをつけてご飯にのせたものを排骨飯、麺にのせたものを排骨麺と呼ぶ。

台湾に来たらコレ食べよう！

魯肉《ルーロー》飯としじみスープ　魯肉飯は豚バラ肉を醤油のスープで甘辛く煮込みご飯にかけたもので、台湾人に広く愛される郷土料理。しじみスープを一緒に飲むと後味がさっぱりする。

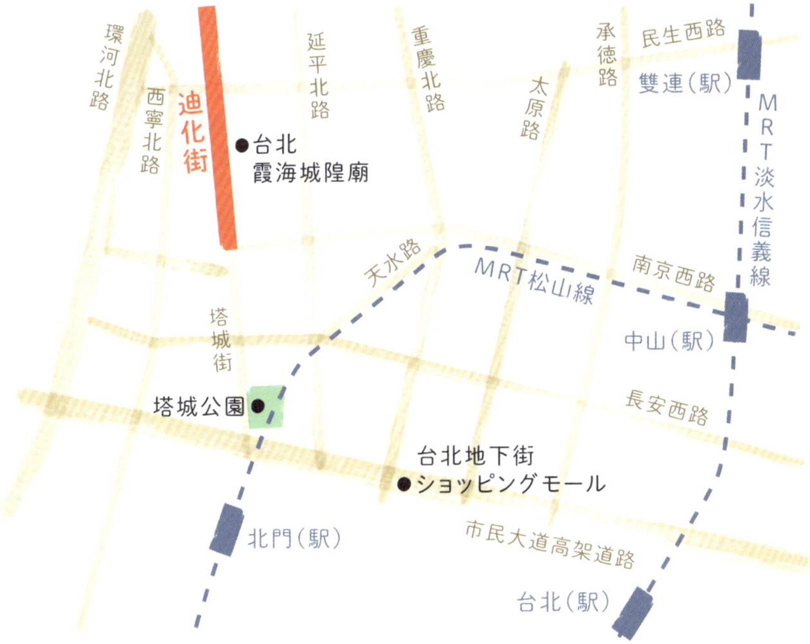

Access

台北駅からMRT(地下鉄)板南線に乗り西門《シーメン》駅で松山新店線に乗り換え北門《ペイメン》駅下車、徒歩10分

淡水老街《ダンシュエラオジエ》

中国、西洋、日本の文化が渾然一体となった街

淡水老街は、台北から地下鉄で四十分足らずで行ける、台湾の観光客に人気のある老街である。とはいっても、休日以外はさほど人出はなく、地元の人々に紛れてのんびりと散策できる。活気とにぎわいにあふれた街並みを見たければ土日に、静かに街歩きをしたければ平日をお勧めする。淡水駅に降り立つと、西側に淡水河の川沿いの遊歩道、東側にメインストリートの中正路がある。この中正路から始まる街並みが淡水老街。昔のままの古い建物が建ち並び、古き良き河口の街の風情が漂う通りだ。

淡水は歴史ある港町で、開港して約三百年になる。かつて台湾は、南部はオランダに、北部はスペインに占領されていた。一六二八年、スペインは貿易港として繁栄していた淡水に目をつけ、拠点として紅毛城（当時はサン・ドミンゴ城と呼ばれていた）を築城。スペインが撤退

した後、城はオランダの手に渡り、要塞として再建され、現在に至っている。そんな歴史から、淡水は台湾の中でも特に西洋文化の影響を受けやすかった場所であり、建物も西洋風のものが多い。またこれに加え、日本統治時代の暮らしや文化も色濃く残っていて、街を歩いていると日本人にとっても馴染みのあるものがたくさん見つかる。

老街の両側には、淡水名物の魚せんべいの店、駄菓子や中華菓子の店、クレープ屋にカステラ屋、食堂、カフェ、竹細工店に土産物屋等々、さまざまな店が並ぶ。試食をさせてくれる店が多いので、気になる菓子やつまみを食べながら歩くのも楽しい。特に、淡水に行ったら絶対食べて欲しいのが「阿給」と「魚丸湯」だ。魚丸はその名の通り、魚のすり身団子のことだが、阿給とは何のことだかわかるだろうか。読み方は「アーゲイ」。実はこれ、日本語の「油揚げ」からきている。注文すると、皿にドン！とデッカイ厚揚げのようなものが甘辛いタレに浸かって出てくる。中には大量の春雨が入っていて食べ応えは十分。最初にこれを食べてしまうと、満腹になってその後の食べ歩きが苦しくなるので要注意だ。

淡水という街には老街だけでなく古い通りが幾筋もあるが、驚くのはそのほとんどが市場通りになっていることだ。しかもその大半は食料品店。どこまで行っても市場街。これには圧倒される。これだけ店があるということは、相当遠方からも大勢の客が買い物に来るのだろう。淡水ではもちろん老街の街歩きが一番のおすすめだが、この長大な市場通りも日本ではなかなかお目にかかれない規模なので、時間に余裕があればぜひ歩いてみて欲しい。もう一度、いや二度、三度と行きたくなる街である。

淡水老街は、日本統治時代からの
歴史を持つ街並みが残っている。

清朝時代から台湾最大の貿易港
として発展した淡水。淡水河の河
岸は遊歩道や公園になっている。

老街には100年以上続く老舗の店が並ぶ。昔も今も人であふれかえっている。

華麗なゴシック建築の淡水礼拝堂。時計台には美しいステンドグラスが嵌め込まれている。

淡水の伝統的な市場街がある清水街。ゆるく曲がりくねった細い路地に沿って、ぎっしりと商店が建ち並び、買い物客でにぎわう。ここは古くからの伝統的な市場の雰囲気が残っていることで有名で、台北からも多くの買い物客や観光客が訪れる。

淡水名物「阿給《アーゲイ》」

阿給は日本語の「油揚げ」からきている。大きな厚揚げの中にたっぷりの春雨。それを甘辛いソースで食べる。かなり食べ応えがあり、「魚丸湯《ユーワンタン》」（ツミレのスープ）と一緒に食べると充分昼食になる。

昔から置いてあるものが変わってなさそうな、レトロな玩具店。

老街の裏手にある「淡水金色水岸」。約1.5キロにわたり美しい景観が広がり、カフェや各種の個性的なお店、釣り場やサイクリングロードなどがある。

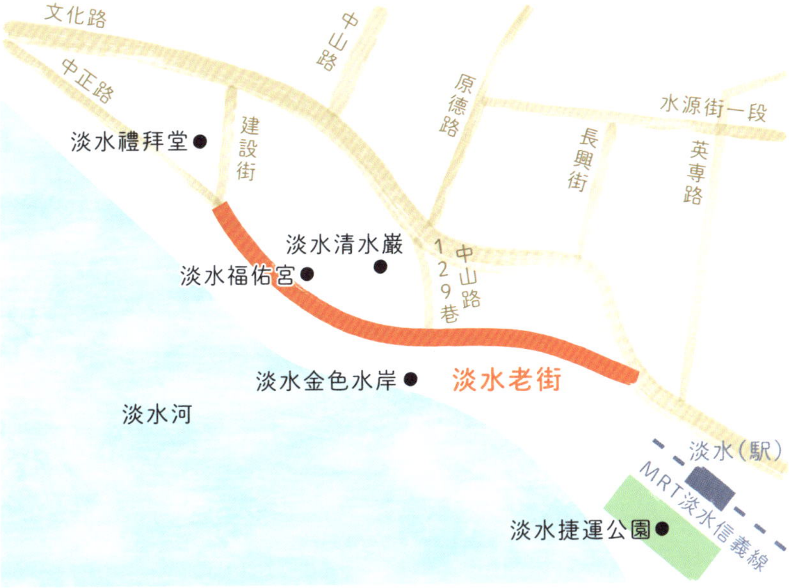

Access

台北駅からMRT(地下鉄)淡水信義線で終点の淡水駅下車、徒歩2分

鶯歌老街《イングァラオジェ》

百軒以上の陶磁器店が並ぶ「台湾の景徳鎮」

鶯歌老街は、百軒以上の陶磁器の店が軒を連ねる「台湾の景徳鎮」と呼ばれる街である。「ウグイスの歌」とはなんとも美しい風流な名前だが、実は鶯とは、台湾語でオウムのこと。それも、昔オウムの形をした巨岩があったことが地名の由来らしい。台北からけっこう近く、台北駅で台湾鉄道に乗ってほんの三十分ばかり、鶯歌駅を降りて徒歩約十分のところにある。

鶯歌は二百年前から陶磁器が作られてきた街で、赤レンガのレトロな建物が建ち並び、そのほとんどが陶磁器関連の店だ。だが他にも、美味しいレストランやカフェ、小吃《シャオチー》を売る屋台も多く、食べ歩きしながら散策を楽しむことができる。老街全体が陶磁製の食器をはじめ工芸品や美術品であふれていて、庶民的な商店街が多い台湾の老街の中では、ちょっと異質な感じが漂う。

老街は全長七百五十メートル、そのうち三百三十メートルは歩行者天国になっていて、車両の通行は禁止されている。窯元や販売店だけでなく、陶瓷博物館や陶芸作家のアトリエ、陶芸教室、ロクロや絵付け体験のできる施設などもあり、ゆっくり見ていけばまる一日かかるほどだ。陶磁器店もピンからキリまでさまざまで、高級陶器から台湾特有の茶器、日常使いの皿や茶碗、花瓶や壺、陶器の人形や巨大なオブジェまで、およそ陶磁で作られるものは全て揃っている。手軽に買える食器類も多く、またほとんどの店が店先でお買い得な商品を並べているので、気になるものがあったらどんどん店に入って交渉してみよう。複数買いすると値引きしてくれるケースも多い。

最後に、鶯歌に行くならぜひ利用してほしい食堂をご紹介したい。「厚道《ホウダオ》飲食店」というお店。揚げた豚肉に甘辛いタレをからめたもの（排骨《パイコー》）を、野菜や厚揚げの煮物を混ぜたご飯の上にのせた丼「古早味《グーザオウェイ》排骨飯」（百十元）が名物（古早味とは、昔ながらの味、という意味）。排骨飯は台北の食堂でもよくある料理で、店によりそれぞれ味が違うが、ここの排骨飯は絶品。これを食べに鶯歌に行くという人もいて、土日などは番号札をもらって何十人待ちというほどの人気店だが、かなり待たされても食べる価値のある逸品なので、お勧めである。

明るいレンガの建物群と石畳の組み合わせが美しい鶯歌の街並み。

道路の両側に陶器店や雑貨店が数百軒建ち並ぶ、台湾一の陶器ストリート。

陶器店のテナントがたくさん入っている「鶯歌老街陶館」。

排骨飯の名店「厚道《ホウダオ》飲食店」

ここの看板メニューの「古早味排骨飯」は絶品。他にも、鶏もも肉のフライがのった「鶏《ジー》腿飯《トゥイファン》」「厚道酸辣鶏飯《スゥアンラージーファン》」や乾麺、涼麺などメニューが豊富で、どれも美味しい。

石で作ったアクセサリーの店。パワーストーンや風水に良い石などもある。

ここにはリーズナブルなものから超高級品まで、あらゆる商品が揃っている。

茶器の専門店。シンプルだが伝統的で美しい茶器が並ぶ。

若い陶芸作家たちの個性的な作品も紹介されている。

Access

台北駅から台鉄縦貫線で鶯歌駅下車、徒歩10分

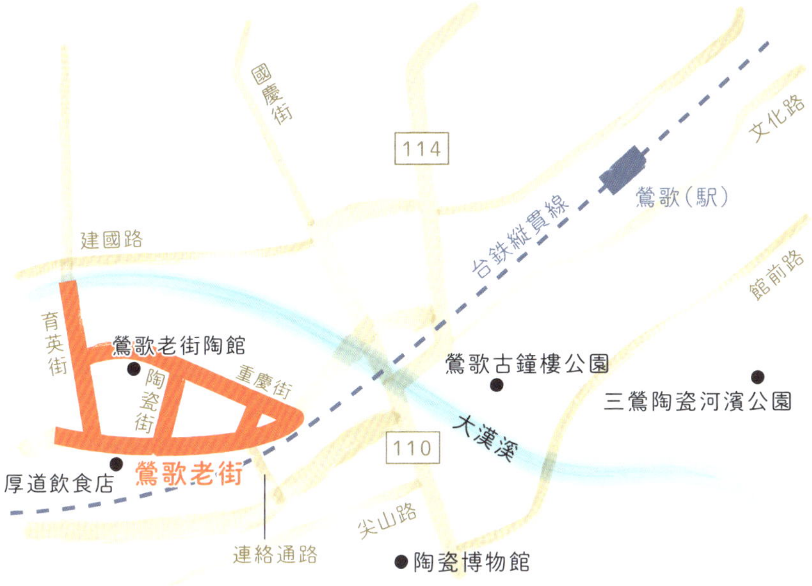

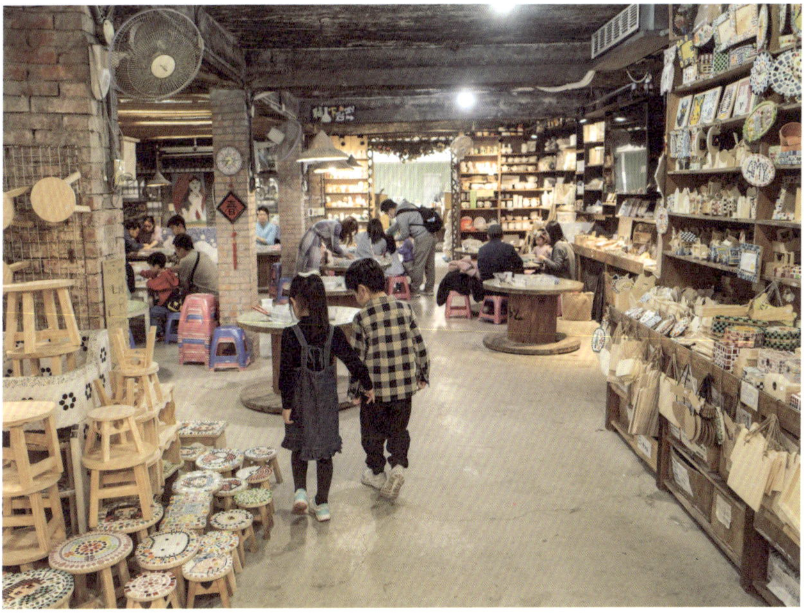

三峡老街《サンシアラオジエ》

若者に大人気、赤レンガの美しいアーケード街

前出の鶯歌老街のある鶯歌駅からバスでわずか十~十五分、今、台湾の若者たちの間で大人気なのが、三峡地区の民権街にある三峡老街である。大漢渓、三峡河、横渓の三つの河が合流することから、日本統治時代に「三峡」と呼ばれるようになったこの地は、元々十七世紀に中国から移住してきた客家《はっか》の人々が住み始めた街で、清代になってからは水運を利用した商業の要所として繁栄してきた。

三峡老街は、日本統治時代に建設されたレンガ造りのバロック建築がそのまま残っており、他にも中国、西洋、日本の多様な形式の建物が混じり合っている。迪化街と同じく建物の一階は「騎楼」(アーケード)になっていて、雨に濡れずに買い物ができる。ここならではの特徴は、商店街の入り口に階段があり、建物の二階にある展望台に上って老街全体を見渡せること

だ。騎楼の二階部分に展望台のある老街はなかなか珍しいのではないだろうか。

三峡老街のバロック建築群は、日本統治が終わったあと長い間放置されていたが、二〇〇七年に政府によって大規模な修復が行われ、街並みは見違えるほど美しく整備された。全長二百六十メートルの通りには百軒余りのレトロな建物が並び、今はそのほとんどが土産物屋やファッション・雑貨店、レストラン・カフェ・スイーツの店など、観光客向けの店になっている。赤レンガのおしゃれなアーケード街や、バロック様式の建物の優雅で独特の雰囲気が人気を呼び、今では台湾中から観光客が集まる一大観光地となった。

食べ物も、日本人には珍しい客家料理をはじめ、昔ながらの手作り豆花など美味しいものがたくさんあるが、中でもここに来たら外せないのが、三峡名物「金牛角麺包《ジンニュウジャオミエンパオ》（牛角パン）」。いわゆる台湾版クロワッサンだが、日本やフランスで食べるものとはかなり違う。名前の通り牛の角のように硬くてしっかりしていて食べ応えがあり、バターがよく利いている。値段は一個大体百円程度。基本のプレーン味以外に、チョコレート、メロン、クリーム、バニラ、ストロベリー、抹茶、チーズなどなど、十種類余りのフレーバーがあり、どれもなかなか美味しい。三峡老街にはこのクロワッサンの店が何軒もあり、それぞれ味も形も違うので、興味のある方はぜひ何軒か食べ比べてみて欲しい。

全長260メートルの三峡老街は、赤レンガの華やかな建物が並ぶ客家の街。中国、欧州、日本の多様な形式の建物が融け合っている。

日本統治時代に完成した赤レンガ建築群。当時、赤レンガはほとんど日本から運ばれたという。

2007年に大規模な修復が行われ、美しくよみがえった街並みは、今、台湾で最も人気のある老街の一つ。台湾全土から観光客が訪れる。

昔ながらの客家料理をはじめ、
さまざまな料理が味わえる。

思わず手が出る美味しそうな屋台のスナック。いろいろあって目移りしてしまう。

小豆がたっぷり
のったかき氷。

三峡名物「金牛角麺包《ジンニュウジャオミエンバオ》」

台湾風クロワッサンとも呼ばれる牛角パン。ヨーロッパや日本のクロワッサンとは違い、かなりしっかりした歯応えで、どちらかというとクッキーに近い。老街にはいくつものクロワッサンの店があり、それぞれ特徴を打ち出している。

店自体が骨董品のようなアンティーク家具の店。外見は洋風だが内部は和風や中国風の造りの店が多いのも、三峡老街の特徴だ。

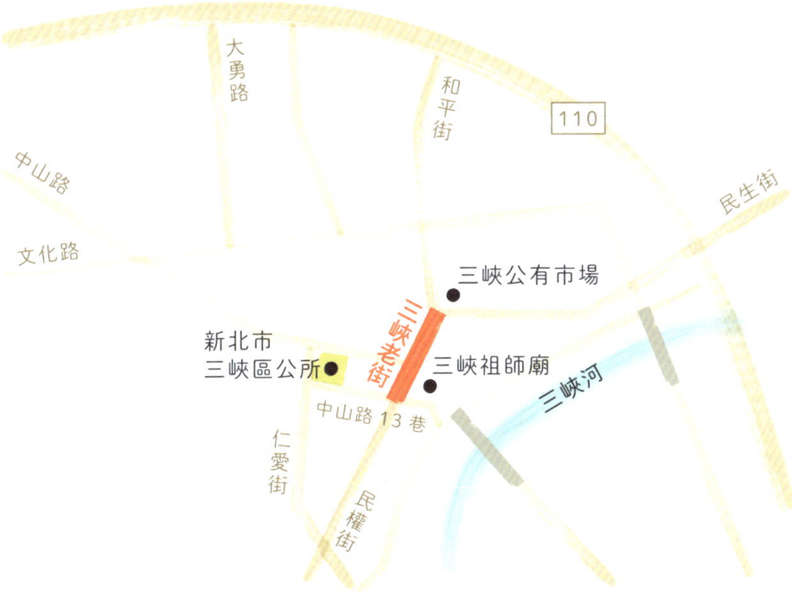

Access

①台北駅から台湾高速鉄道で板橋駅下車、台北客運バス702、705「三峡行き」に乗り、三峡老街下車

②台北駅から台鉄縦貫線で鶯歌駅下車、台北客運バス702系統「三峡行き」に乗り、三峡老街下車

頭城老街《トウチェンラオジェ》

歴史情緒あふれる素朴で趣のある老街

頭城老街は、三峡とは対照的な老街と言っていいだろう。街並みも建物も、一見したところあまり修復もリノベーションもされていないようで、レトロ感たっぷりの素朴で趣のある老街だ。

頭城は台湾北東部の海に面した宜蘭《イーラン》県の最北端にある小さな町だが、歴史は古く、十八世紀には漢人が入植して開墾を進め、港町として発展した。今は往時のにぎやかさはないが、歴史ある建物が数多く残る、しっとりとした美しい街である。

老街は、頭城駅の南側にあるメインストリート・和平街の一部で、長さ数百メートルの通りに清代と日本統治時代の建物が混在している。老街というと商店街のイメージが強いのだが、ここは少し趣が違う。他の老街のようにおしゃれな雑貨店や土産物屋が軒を連ねているわけで

はなく、昔ながらの住居が並ぶ中に、ポツンポツンと古くからの店や今風の個性的なお店が現れる。

平日などは人通りもほとんどなく寂しいくらいだが、どこか懐かしさを感じる落ち着いた雰囲気の街並みは魅力的で、古き良き時代を彷彿とさせる歴史情緒にあふれている。人混みを避けて静かにのんびりと街歩きを楽しみたいという人にはぴったりの老街だと思う。

レストランはさほど多くないが、我々がそのユニークな外観に惹かれて入店し、とても気に入った店があるのでご紹介したい。台湾料理と宜蘭料理の店「老《ラオ》街《ジエ》懐《ファイ》舊《ジウ》食《シー》堂《タン》」だ。昔の映画から抜け出てきたような古風な店構えは、まるで昭和レトロ。店内もこれでもかと言わんばかりに古めかしくしつらえてあって、見ているだけで楽しくなってくる。頭城名物の豚肉丼（豚そぼろとザーサイ、目玉焼きがのったご飯）をはじめ、葱油餅やおこわ、牛肉麺などメニューが豊富で、値段もリーズナブル。街歩きに疲れた時など、休憩がてらランチをとるのにちょうど良い、落ち着ける店である。

頭城老街は200年以上の歴史を持つ街。古い歴史的な建物が数多く残る。派手さはないが渋い魅力のある老街だ。

壮麗な四階建ての廟で知られる「頭城開成寺城隍廟《カイチェンスーチェンファンミィァオ》」。清代に築かれた仏教の古刹・開成寺と、道教の城隍廟が合祀されて再建されたもの。

「李栄春《リーロンチェン》文学館」。日本統治時代の木造建築で、頭城小学校の校長宿舎として使われていたが、のちに頭城出身の文学者・李栄春の記念館となった。

これも日本統治時代の大正建築。赤レンガのアーチがモダン。

1863年に建てられた「南門福徳祠《ナンメンフーデァツー》」。財運を守るといわれている。

台湾式ウーバーイーツ?

台北・宜蘭を結ぶ特急「自強号」。日本製で、車体も内部も日本の特急列車によく似ている。

電車の車両のような形をした床屋。

道教の廟の内部。花や菓子や果物など、たくさんの供え物が並んでいる。

古民家をリノベした人気のカフェ「只蔵《チーザン》」

「老街懐舊食堂《ラオジエファイジウシータン》」

頭城老街にある昭和レトロのような雰囲気と伝統料理で有名な食堂。壁には昔の映画のポスターやレコードジャケットなどが飾られていて、古き良き台湾の風情が残っている。頭城名物の豚肉丼と牛肉麺がおすすめ。

Access

台北駅から台鉄宜蘭《イーラン》線で頭城駅下車、徒歩3分

新荘老街《シンジュアンラオジエ》

夜市もお勧め、
ガイドブックに載らない穴場的老街

台北駅から地下鉄で三十分足らず、新北市にある新荘老街は、別名「新荘廟街《ミィアオジェ》」とも呼ばれる。「廟」とは道教の宗教施設で、仏教で言えば「寺院」のこと。つまり「寺町」である。

新荘は台北付近で最も早く開けた街で、淡水河を利用した水運に恵まれ、三百年も前から港町として発展してきた。かつては台湾で三番目の繁華街となったこともある。百年も前のこと、この街で一旗揚げようと台湾各地から移民がやってきて、ここで暮らしはじめた。このとき彼らが皆、自分の故郷の信仰を持ち込んだため、通りには次々に廟が生まれ、数多くの廟が密集する場所となった。

日本で寺町というと、道路幅が広く静かでしっとりした街、というイメージがあるが、新荘の場合は全く逆で、狭い道路をバイクが縦横に行き交い、約六百メートルの通り沿いにさまざ

まな惣菜やスナック、衣類や日用品を売る店がひしめき合ってとてもにぎやかだ。加えて百年の歴史を持つ菓子や餅、豆干などの老舗が多いのは、廟のお供えにするためだろう。
台湾各地の老街が、最近次々に観光地として見直されている中で、新荘老街は観光客には全く関心がなさそうに見える。ここにあるのはほとんど地元民と、せいぜい近郊からの買い物客を相手にする店と商品。だから素のままの庶民の暮らしの匂いがする。私たちからすると邪魔でしかないバイクの騒音も、それを気にしない買い物客たちも、そしてそれを禁止しない商店街も、全てが百年続いてきた新荘老街という街の持ち味であり、個性なのだろう。
もう一つ、特筆しておかねばならない新荘老街ならではの特徴。それは夜になると老街全体が「新荘夜市」になることである。大抵の老街は夜になると店がほとんど閉店してしまい、真っ暗になってしまうのだが、新荘の場合は、どちらかというと昼より夜の方が全ての店が開き、各種の露店が並んでにぎやかになる。新荘へ行くなら夜市がお勧め。ただしバイクは昼も夜も変わらず、スピードを落とさずに歩行者に向かって突進してくるので、くれぐれも気をつけて散策を楽しんでいただきたい。

新荘老街は別名「新荘廟街」。通り沿いに大小数多くの廟が並んでいる。

新荘老街はB級グルメの宝庫。昔ながらのローカルフードの出店や屋台が軒を連ねる。

新荘名物のバイク群。人がいても全くスピードをゆるめずビュンビュン突っ込んでくるので要注意!

ホットドッグは若い子たちに大人気。

昔ながらの靴の修理屋さん。

ガジュマルの樹に覆われた小さな廟。

惣菜がずらりと並んだ弁当屋。自分で好きなおかずを選んで詰めるスタイル。台湾にはこの形式の弁当屋が多い。

廟の前にあるお供え物の売り場。花や菓子、果物などが並んでいる。

台湾でもたこ焼きは人気のおやつ。日本のものよりちょっと固く、カリッとした歯応えが特徴だ。

「阿莫豆花《アモドウファ》」

新荘老街で人気の豆花店。小豆や芋団子、マンゴー、桃など、好きなトッピングを選べる。氷を頼むと、荒めにかいた氷を入れてかき氷にしてくれる。

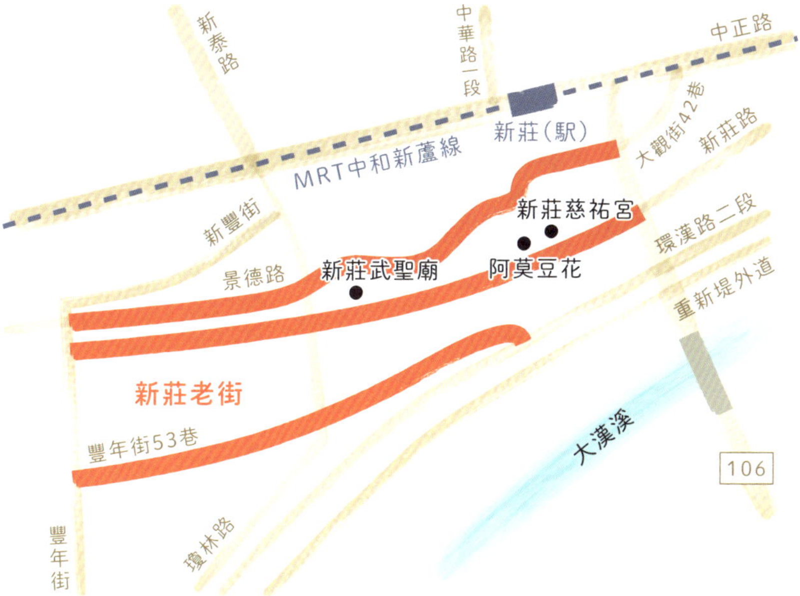

Access

台北駅からMRT（地下鉄）淡水信義線に乗り民権西路駅で中和新蘆線に乗り換え新荘駅下車、徒歩3分

瑞《ルイ》芳《ファン》老《ラオ》街《ジエ》

B級グルメのメッカ、
いにしえの商店街の面影が残る街

瑞芳は、その昔、基隆河の水運を利用した東部への中継港として機能していた小さな街だった。だが清代になって、金瓜石や九份で金鉱が発見されてから、その中継地および鉱山の補給基地として急激に発展していった。当時この辺りに金山の労働者たちが頻繁に利用した「瑞芳」という商店があったことから、いつの間にかこの一帯が「瑞芳」と呼ばれるようになったという。

現在の瑞芳駅は、台湾の宜蘭線の主要駅で、観光客の多い平渓線や日本人にも人気の観光地・九份に行くバスに乗り換える客でにぎわう駅として知られる。だが、ここをただの乗り換え駅として利用するだけでは実に勿体ない。駅の南側に降り立てば、目の前に瑞芳老街がある。この街並みには清代からの歴史的建物が数多く残っており、さらに日本統治時代の面影も色濃く

残っている。

古い建物に石畳の道、昔から何も変わってなさそうな商店や食堂、親しげに会話を交わす地元の人々。派手さはなく、人通りもまばらだが、いにしえの台湾の商店街は多分こんな感じだったんだろうな、と思わせる、懐かしくてどこか心惹かれる雰囲気のある老街である。

だが、瑞芳の魅力はこの老街だけにとどまらない。老街を見ていると瑞芳はとても古い街という印象を受けるが、実は駅の反対側に出ると全く違った風景が展開する。こちらは大勢の若者が闊歩するにぎやかな通りで、人通りもかなり多い。そしてこちら側には、連日遠方からも利用客が押し寄せる瑞芳自慢の人気スポットがある。それは駅前通りの突き当たりにある「瑞芳美食広場《メイシーグァンチャン》」。いわゆるローカル屋台グルメのフードコートである。B級グルメが好きな人にとっては宝箱のような場所で、名物の胡椒餅《フージャオビン》をはじめ、数えきれないほどの珍しいB級グルメがズラリと並んでいる。

九份や十分などの観光地に行く際には大抵この瑞芳駅を経由するはずだが、少し時間に余裕があるなら、乗り換えだけで通り過ぎてしまわず、ぜひ一度駅を降りて瑞芳老街を歩いてみて欲しい。もちろん、ついでに美食広場に立ち寄って食べ歩きを楽しむことができれば最高である。

清の時代の建物が残る瑞芳老街。静かで落ち着いた街並みの老街だ。

瑞芳駅。日本の石灯籠がある。左にあるのは石碑。「瑞芳車站《チャージャン》」と彫られている。

赤レンガのアーチや古い建物の建ち並ぶ瑞芳は、伝統的な台湾文化と歴史を感じさせる。

歡迎光臨

174

駅の反対側、徒歩3分のところにある「瑞芳美食広場」は、台湾のローカルフードの屋台が15店ほど集まっているフードコート。昼どきなどは連日客でごった返している。

「瑞芳林記福州胡椒餅《ルイファンリンジーフージョウフージャオビン》」

瑞芳美食広場で一番人気の胡椒餅。大きな釜に餅を貼り付けてきつね色になるまで焼く。外側の餅はパリッと硬め、中身は胡椒の利いたピリ辛の肉で、とても美味しい。

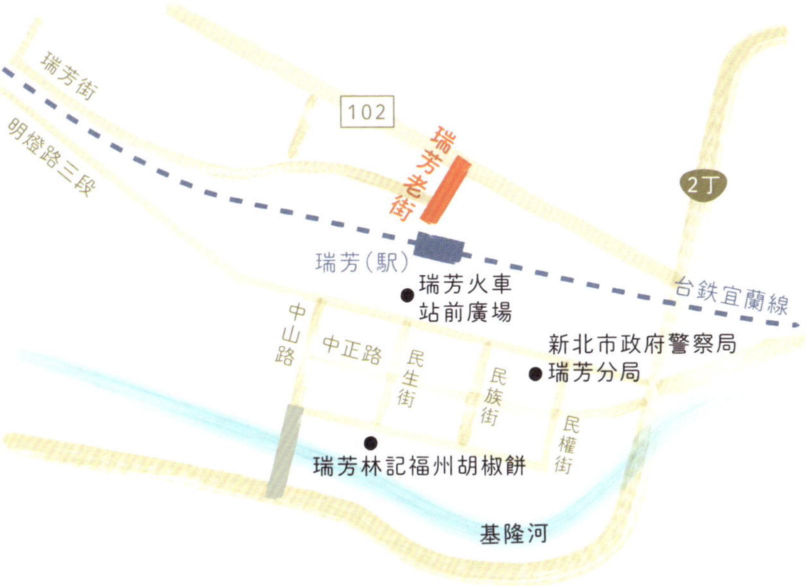

Access

台北駅から台鉄宜蘭線で瑞芳駅下車、すぐ前

九份老街《ジョウフェンラオジエ》

映画のロケ地で復活した旧金鉱の町

台北から電車とバスで約一時間、基隆《キールン》の海を見下ろす山の中腹に九份老街はある。十九世紀末から二十世紀初頭にかけて金鉱の街として栄え、日本統治時代の最盛期には四万人近くの人々がここで暮らしていた。アジアの金の都、小上海、小香港とも呼ばれるほどの繁栄ぶりだったが、一九七一年に金鉱山が閉山。街は急速に衰退し、その後しばらくは忘れられた街になっていた。

その九份が再び脚光を浴びるようになったのは、一本の映画がきっかけだった。一九八九年に公開された『非情城市』という映画である。監督は侯孝賢《ホウシャオシェン》。この映画でベネチア国際映画祭金獅子賞などを獲り、世界的に有名になった監督だ。映画は、国民党政府樹立前の台湾を舞台に、林家の四人の息子たちの生き様を描いた一大叙事詩である。主演は香港のトップスターであったトニー・レオン。映画は大ヒットし、多くの人がその美しい映像に感銘を受けた。この

映画のロケ地となっていたのが九份だったのである。

それまで忘れられていた小さな街が、俄然注目を集めるようになる。映画を観た多くの人が、ノスタルジックな風情を求めて九份を訪れるようになったのだ。以来、九份の人気は衰えることなく、今では台湾屈指の観光地となっている。休日ともなれば、九份老街に続く道は車で渋滞し、老街入り口付近は、まっすぐ歩けないほど多くの観光客であふれている。

九份の一番人気は、やはり映画にも登場する石畳の階段、豎崎路《シュウチールウ》である。幅二メートルほどの階段状の路地を上っていくと、赤い幟が目印の阿妹茶楼《アーメイチャーロウ》が左手に登場する。その手前にはかつての映画館である昇平戯院《シャオピンシーユェン》の建物があり、そばには古い建物を改修したレストラン九戸茶語《ジョウフーチャーユィー》がある。

さらに、基山街を横切ってそのまま石段を上っていくと、右側には九份名物の芋圓《ユーユェン》（タロイモ団子）の人気店・阿柑姨芋圓《アーガンユィーユーユェン》がある。九份には芋圓を売る店が数多くあるが、なかでも一番人気がこの店だ。入り口付近で買って、奥のスペースで食べることができるのだが、ここからの眺めが絶景なので、ぜひ立ち寄ってみてはいかがだろう。

基山街に戻り、目的もなくそぞろ歩く。九份の美食である芋圓、草仔粿《ツァオアークェイ》（草餅）、魚丸湯《ウィーワンタン》（魚のすり身団子スープ）などの食堂や土産屋がぎっしりと軒を連ねている。休みなく聞こえてくる観光客の嬌声と店から流れる音楽と客引きの声。少々疲れたと思ったら、基山街を離れて軽便路に行ってみよう。それまでの喧騒が嘘のように静けさが広がり、疲れた身体と心を癒やしてくれるだろう。

映画のロケ地となった九份のなかでも特に有名な豎崎路。幅2メートルほどの石段はいつも行き交う観光客で混雑している。

九份を代表する老舗茶藝館である阿妹茶樓。台湾茶と素晴らしい眺望を楽しむことができる。

豎崎路の上り口。向かって右脇にある建物は1934年に建てられた旧映画館の昇平戲院。

老街から見下ろす九份の町。遠くに見えるのは基隆の海。

食べ物屋や土産店が夜市のようにずらりと並ぶ基山街。

行き交う人もまばらな軽便路。静かな時間が流れる。

九份の裏通りともいえる軽便路にあるカフェ「淂藝洋行《デーイーヤンシン》」。おしゃれな内装と台湾茶などが人気。

洒落たレストランや書店などもある。

地元の人々にも人気の高い店「魚丸伯仔《ユーワンブォーザイ》」。魚丸湯の他に豆干包《トウガンバオ》も人気。

九份名物の芋圓。タロイモから作るモチモチの団子。

「阿柑姨芋圓《アーガンユイーユーユェン》」

九份の有名なスイーツである芋圓を提供する人気店。豎崎路を上りきったあたりにあり、入り口で注文してその場でカップに盛って渡される。ほのかな甘さと芋圓のモチモチ食感がくせになる美味しさ。店の奥にあるテーブル席からは九份の町を見下ろすことができ、スイーツを食べながら絶景を楽しむこともできる。

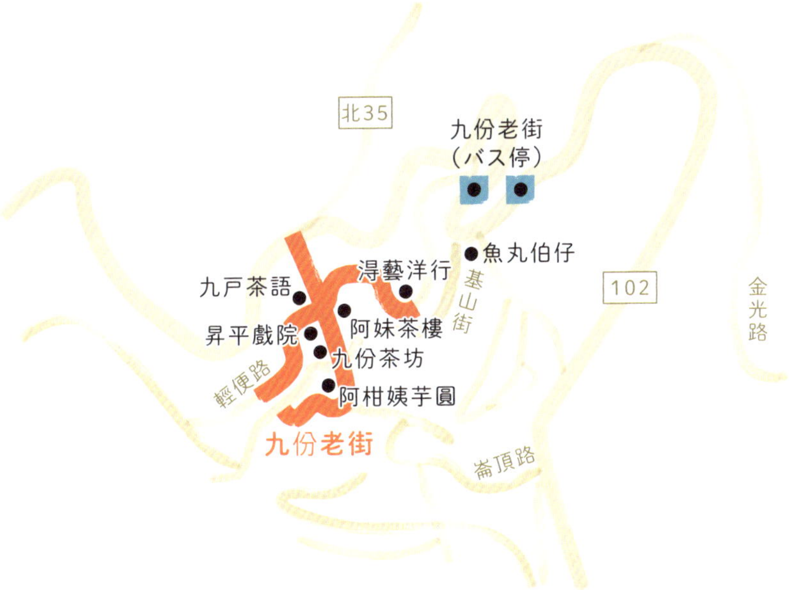

Access

台北駅から宜蘭線で瑞芳駅下車。駅前からバスに乗り九份老街で下車。

九份がかつて金鉱の町であったことを偲ばせるモニュメント。

十分老街《シーフェンラオジェ》

町おこしに成功した「ランタン上げ」発祥の街

台北から電車で一時間半、静かな山間の小さな街・十分は、台湾人だけでなく海外からの観光客にも人気の観光スポットである。中心部の老街は昔ながらの小さな商店が並ぶレトロな商店街で、線路脇を歩きながら散策することができる。

十分老街の観光の目玉は「ランタン上げ」だ。元々ランタン上げは平渓一帯に入植した漢人たちが始めたものだといわれている。ここにいた原住民たちが土地を取り戻そうと襲来してくるのをランタンを上げて知らせたのが始まりらしい。つまり、合図とか通信手段だったのだ。

十分は昔は炭鉱で栄えた町で、平渓線も日本統治時代に敷設されたものだったが、鉱山の閉山とともに衰退していった。このままではいけない、と地域住民たちが立ち上がり、線路からランタンを飛ばすことで観光客を集めようとした。十分は、台湾における観光としてのランタ

ン上げ発祥の地なのである。この町おこしは大成功し、今では十分といえばランタンといわれるほど有名になった。老街にはたくさんのランタン屋が軒を連ね、呼び込みの声がかまびすしい。店で購入したランタンは願い事を書いて空に飛ばす。ランタンの色は一色、四色、八色から選ぶことができる。赤色のランタンは健康運、さくら色は幸福運、オレンジは愛情運、黄色は金運、青色は仕事運というように、色によって願い事が異なる。四面に願い事を書いたランタンは、線路の真ん中で、電車が来ないタイミングを見計らって飛ばす。平渓線の電車が通るのは一時間に一本程度なので、さほど焦らなくても大丈夫だ。

だが週末はかなり混み合い、線路の上にはズラリとランタンが並ぶ。朝から晩まで次々に上がり続けるランタンは、空の上でぶつかり合って炎上するのではないかと心配になるほどだ。実際は、上空で燃料が切れてしまうので火事になることはほとんどないらしいが、それでも住宅の軒先や草むらに落ちて燃えることはあるらしく、現在台湾では、ランタン上げが観光の目玉になっているこの平渓地区以外は禁止されているとのことだ。その分、平渓地区では自治体や環境保護団体が回収作業を行なっている。

もちろん、ランタン上げをしない人にとっても、十分老街は十分楽しめる街である。線路をはさんだ両脇の狭い通りには小さな飲食店や土産物屋・雑貨店・屋台などがびっしりと並び、台湾の伝統的なスナックや料理が目移りするほど並んでいて、どれを選ぶか悩むほど。ランタンをモチーフにしたおしゃれな手工芸品や土産物も揃っているので、食べ歩きしながらお土産探しを楽しんではいかがだろうか。

十分は「ランタン上げ」の街。ランタンに願い事を書いて空に飛ばすと、願い事が叶うといわれている。

線路の両脇にぎっしりと出店が並び、観光客の目の前ギリギリを列車が走り抜ける。日本では絶対に許されない、スリリングな光景だ。

古い街並みに昔ながらの伝統と文化が息づく街。週末は歩けないほど、台湾国内や外国からの観光客であふれる。

十分では昼夜を問わずランタンが空を舞う。夜空に浮かぶランタンは幻想的なムードを醸し出す。

十分の観光スポットの一つ「静安《ジンアン》吊橋」。1947年、炭鉱を運ぶために作られた。基隆河に架かる長さ約128メートルの吊橋だ。

にぎやかな線路ぎわから少し奥へ入ると、狭い路地に古い建物が建ち並び、昔から変わらない十分の街並みが現れる。

平渓線の十分駅。小さな駅だが、週末になるとここにたくさんの観光客が降り立つ。

十分は食べ歩き天国

おでん、焼き鳥、ホットドッグ、たこ焼き、ソーセージ、揚げ物にかき氷、豆花、クレープ、アイスクリーム…通り沿いには美味しそうなローカルグルメの出店がズラリと並んでいる。十分では食堂で食べるより、いろんなスナックを買って食べ歩きするのがおすすめだ。

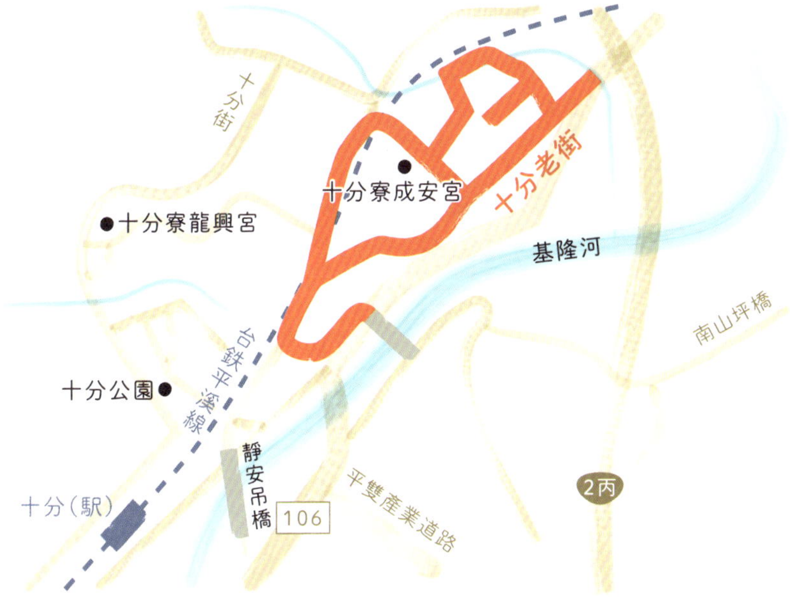

Access

台北駅から宜蘭線に乗り瑞芳駅で平渓線に乗り換え十分駅下車、すぐ

平渓老街《ピンシーラオジェ》

ゆったりとした時間が流れるローカル色豊かな老街

平渓駅は十分駅から平渓線でわずか十三分、古くて趣のある駅である。駅前から、くねくねと曲がりくねった下り坂が続く。ここがもう平渓老街の始まりである。

平渓老街は、海外からの観光客でにぎわう十分老街とは違い、そのほとんどが台湾人の観光客。土産物屋も食堂も四〜五人しか入れない小さな店が多く、全体にのんびりとした時間が流れる、素朴でローカル色豊かな商店街だ。

だがここにもランタン上げを目的にやってくる観光客がけっこういて、通りを歩いていると、何軒かあるランタン店から呼び込みの声が聞こえてくる。十分ほどには混んでいないので、一組一組がゆっくりとランタン上げを楽しんでいるのが微笑ましい。十分の華やかな雰囲気の中でやるのもエキサイティングだが、こちらで、一つずつ空に上がっていくランタンを、みんなで見えなくなるまで見送る光景もまた一興である。

平日はあまり人出はないが、週末は台湾各地からの観光客でかなり混み合う。特に、通りをはさんで二軒ある名物・台湾ソーセージの店には、長い行列ができる。台湾ソーセージは、特製のパンにソーセージをはさんだ、いわゆるホットドッグだが、カラシ、黒胡椒、チーズ、ニンニクなど、いろんな味が楽しめる。特に人気なのは「大腸《ダーチャン》包小腸《バオシャオチャン》」というちょっとコワい名前のライスドッグ。ご飯に甘辛い中華味の特大ソーセージと野菜をはさんだもので、これが名前に似ず実に美味しい。しかもかなりのボリュームで、一本食べるとお腹いっぱいになる。両店とも店内でも食べられるので、休憩がてらこれにかぶりつきながら、通りを歩く台湾人観光客の生態(?)を観察するのも楽しい。

十分やこの平渓駅のある平渓線は、総距離十二・九キロのローカル線で、元々は日本統括時代、台湾最大の炭田といわれた菁桐《ジントン》坑の石炭輸送のために敷設された鉄道である。一九七〇年代後半に炭鉱は閉山したが、今では、渓流に沿って走る山間の鉄道として観光客に人気の路線になっている。老街の平渓橋から見える、河に架かるレトロな鉄橋は、平渓線の列車が通る橋で、タイミングが合えば列車が走る瞬間を見ることができる。時刻表を見て、その一瞬をカメラに収めようと待機しているファンも多いという。撮り鉄たちの情熱は、日本も台湾も変わらないようである。

駅前はゆるやかな坂道。ここから
老街が始まる。日本統治時代に建
てられた二階建てのレトロな建物
が建ち並んでいる。

狭い道路沿いに観光客向けの小さな飲食店や土産物屋が並ぶ。

平渓駅。1929年に炭鉱線の「石底駅」という名で開業。1946年に「平渓駅」と改称された。

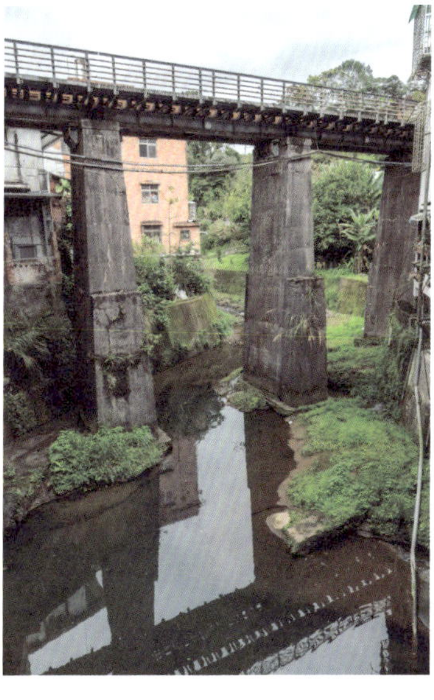

駅そばの平渓橋から見える鉄橋。時間が合えば橋を渡る平渓線の列車が見られる。

懐かしいレトロな雰囲気の土産物屋。昔ながらの玩具や雑貨、日用品などが並んでいる。

平渓老街にも数軒のランタン屋がある。十分ほど混んでいないので、こちらに来る観光客も結構いるらしい。

のんびりとしたローカルな雰囲気の中でランタンを飛ばす人たち。ここではランタンが一つずつ、ゆっくりと空に上がっていくのを見られる。

派手な花柄の台湾花布で仕立てた
着物が人気。

平渓名物「大腸包小腸《ダーチャンバオシャオチャン》」

もち米の腸詰をローストして、中にソーセージをはさんだ台湾式ライスドッグ。外はカリカリ中はもっちりの皮に、しっかりとした味付けのソーセージがマッチしていて、とても美味しい。老街には二軒のライスドッグ屋があり、どちらも繁盛している。

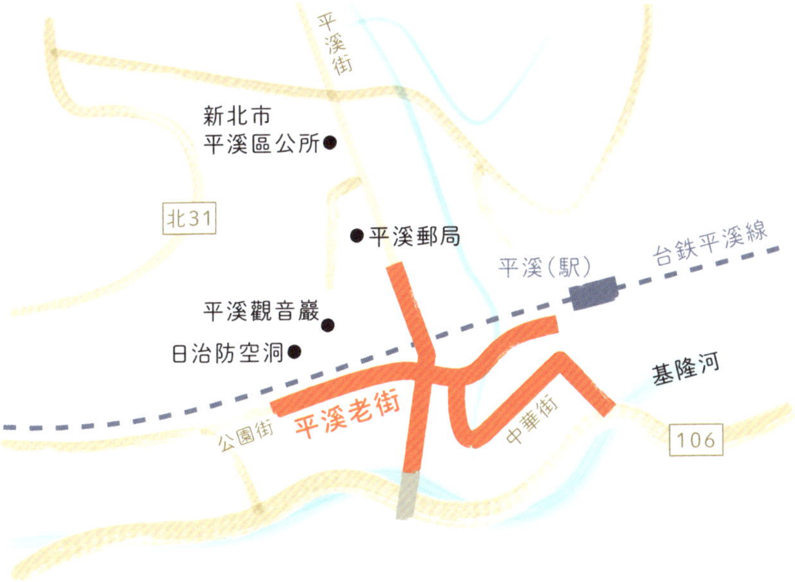

Access

台北駅から宜蘭線に乗り瑞芳駅で平渓線に乗り換え平渓駅下車、すぐ

菁桐老街《ジントンラオジエ》

日本式木造駅舎を中心に、箱庭のような可愛い老街

平渓駅の隣駅、平渓線の終着駅である菁桐駅は、一九二九年に建てられた日本式木造駅。台湾に現存する四つの日本式木造駅の一つで、二〇一〇年に公開された、中国・日本・香港・台湾の合作映画『台北に舞う雪』のロケ地として有名になった。

菁桐はかつては炭鉱の町で、駅名も昔は「菁桐坑」という名だった。往時は非常ににぎやかな炭鉱集落で、「菁桐坑銀座」と呼ばれていたそうだ。駅前から続く老街は全長二百メートルもあるかないかの短い商店街だが、昔ながらの土産物屋や小さな飲食店、屋台などが建ち並び、懐かしい丸い郵便ポストが観光客を迎えてくれる。日本統治時代の面影が色濃く残る、昭和レトロ感たっぷりな街並みだ。

歩いていると街のあちこちに、小さな竹筒がぶら下がっている。「許願筒《シューユェントン》」といい、街の雑貨

屋で売っている竹筒を買って、願い事を書いて思い思いの場所に吊るしておくと、願いが叶うといわれている。一九六〇年代に、菁桐駅の駅員が老街のアイスキャンデー屋の女店員に恋をして、思いの丈を竹筒に書いて渡したところ、恋が成就した、というロマンチックなエピソードに由来するそうだ。

駅舎と線路をはさんだ位置に、赤レンガの古い建物がある。その昔、炭鉱から運び出された石炭などを洗浄していた建物で、現在は二階から駅と街全体を見渡せるカフェになっている。少し高い位置から見る菁桐老街は、木造駅舎を中心にした可愛らしい箱庭のような眺めで、美味しいコーヒーを飲みながらいつまでも見ていたい誘惑に駆られる。

山間の小さな小さな老街だが、どこか忘れられない、印象深い街並みだった。

菁桐はこぢんまりとした可愛い感じの老街。赤くて丸い郵便ポストなど、日本統治時代の雰囲気を色濃く残している。

平渓駐在所のランタン型スクリーン「菁桐天燈館《ティエンドングァン》」（スカイランタン派出所）。午後4時になるとスクリーンにランタンが映し出される。

この辺りには炭鉱を管理する日本人の集落があった。今も当時の日本家屋群は大切に保存されている。

菁桐老街にも数軒のランタン屋がある。どの店も空いていて、ゆっくりランタンを選べる。

上から見た菁桐駅。平渓線の最終駅で、1929年に建てられた90年の歴史を持つ古い駅舎。台湾に現存する4つの日本式木造駅舎の一つ。菁桐の街は上から見ると箱庭のようにコンパクトで美しい。

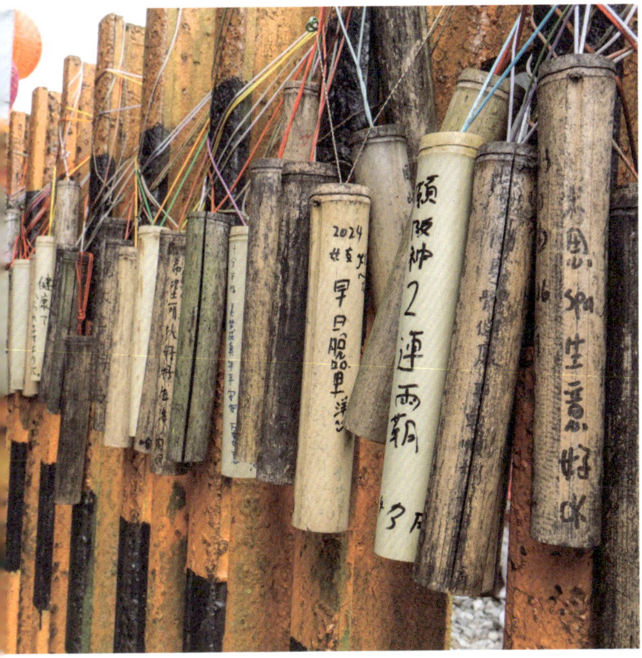

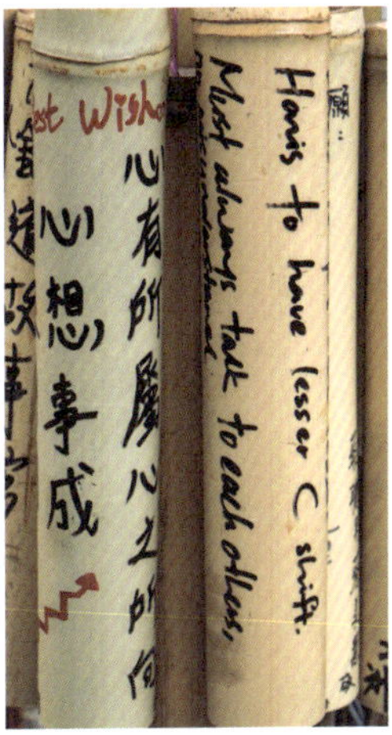

街の至る所にぶら下がっている菁桐名物「許願筒」。老街の雑貨屋に売っている30センチほどの竹筒に願い事を書き、街の木や壁に吊るす。

老街にある日用品の店。食べ物から荒物まで、生活に必要なものは何でも売っている。

碳場咖啡《タンチャンカーフェイ》

駅の向かいの高い建物は、かつて炭鉱で石炭と不要な土砂を選別するために水で洗浄する洗炭場だったもの。1921年に建てられ、100年の歴史を持つ。現在はカフェになっていて、窓から菁桐駅とホームを中心にした街全体を眺めることができる。

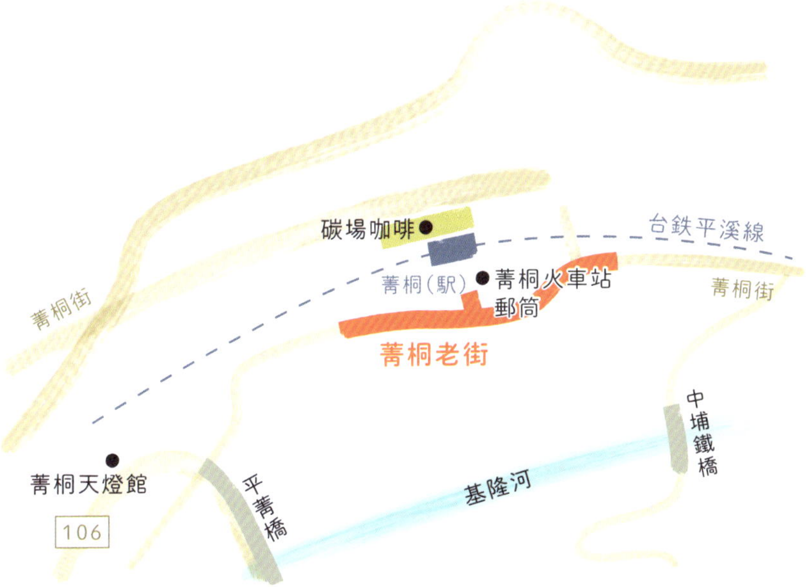

Access

台北駅から宜蘭線に乗り瑞芳駅で平渓線に乗り換え終点の菁桐駅下車、すぐ

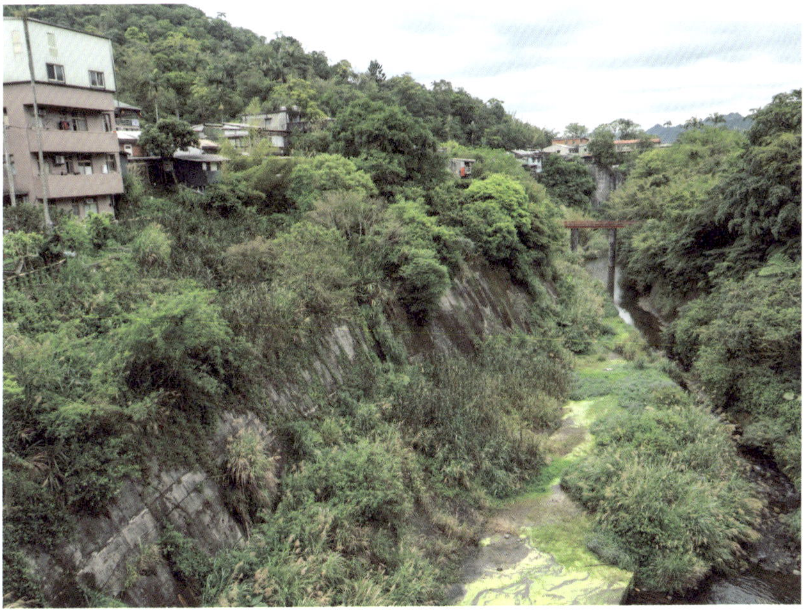

大溪老街《ダーシーラオジェ》

バロック建築の壮麗な建物と美食の街

台北に隣接する桃園市の中央部に大渓という街がある。大漢渓と淡水河が流れ、その地の利を生かした水運の街として清代から栄えた。中国大陸との貿易で財を成す商家が生まれ、なかでも富豪で知られる林一族がこの地に移り住み、邸宅を建てたのが街繁栄の礎になったといわれている。

和平路、中山路、中央路に囲まれたエリアが特に発展著しく、中でも和平路には十九世紀半ば頃から商店街ができ、大いににぎわった。その後、二十世紀初頭に日本の台湾総督府が都市計画を実施し、和平路には当時の建築様式の流行であったバロック建築の家屋が立ち並ぶことになった。これが、現在、多くの観光客を集めている大渓老街である。

和平路に一歩足を踏み入れると、両側にレトロな建物がずらりと並ぶ。その壮観な風景に圧

倒される。建物は、一階が店舗、その上が住居となっており、住居部分は通路上に張り出した造りだ。いわゆる「騎楼」と呼ばれる様式で、その下を回廊のように人々が行き来できるようになっている。

奥行きのある町家造りの建物の前面には、獅子や鯉、松や鶴などの縁起物をモチーフにした彫刻が施されている。建築にそれほど興味がない人でも、思わず目を奪われる壮麗さだ。聞けば、和平路にはこうした建物が当時のままに約八十棟残っているという。

また、大渓老街は、美食の街としても知られる。大渓豆干《トウガン》（豆腐に香料を加えて蒸して乾燥させたもの）、月光餅《ユエグゥアンビン》（甘いおやき）、花生糖《ファシュンタン》（水飴にピーナッツをまぜた菓子）、豆花《トウファ》（豆乳のスイーツ）など、手軽な値段で楽しめる飲食店が軒を連ねている。なかでも豆干は地元の名物で老舗の「黄日香《ファンリーシャン》」には多くの人が行列を作っていた。

この和平路のランドマークとなっているのが福仁宮《フーレンゴン》という道教の寺院だ。唐時代の英雄、陳元光（福建省の漳州地方を開拓した人物）を主神とする寺で、客家人に縁のある潮州（広東省の町）、泉州（福建省の町）の地元神も祀られている。周囲に落ち着いた色合いの建物が並ぶ中で、その極彩色の外観はひときわ目立っていた。

老街を歩いている途中、突然雨が降り出した。雨宿りがわりに福仁宮に逃げ込んだ。境内には数多くの赤い提灯が吊るされており、思ったよりも奥行きがあった。広さは三百坪あるという。地元の方々だろうか、頭を垂れて熱心に拝礼していた。敬虔な風景を目の当たりにし、少し後ろめたさを感じながら寺院を出た。

多くの老街で見られる騎楼様式の歩道。回廊のようになっており、商品が陳列されたり、荷物置き場として使われたりしている。

通りの両側に立ち並ぶバロック建築の建物群。大渓式建築とも呼ばれる。長い時間で変色した壁や屋根が歴史を感じさせる。

19世紀半ばにはすでに商店街が整備されていた和平路。多くの商店が軒を連ねる。

和平路の入り口にある「慈康観光陸橋」。立派な門のように見えるが実は歩道橋で、上から老街を一望できる。

1813年に建造された福仁宮。泥を固めた「泥塑」で作られている昇り竜の柱「龍柱」は一見の価値あり。

大渓は木工の街としても知られており、木工製品を扱う店が数多くある。なかでもコマが有名。

「老街油飯《ヨウファン》」

大渓老街でも1,2を争う人気の油飯屋さん。油飯とは、もち米を使用して甘辛く炊いたもので、日本で言うところの「おこわ」のようなもの。小さな皿の上に円筒状に盛られていて、どことなくかわいらしくユーモラスだ。老街油飯では、そのほかにも客家湯麵〔薄味の汁そば〕(50元)、香茄肉燥乾麵〔肉味噌がのった汁なしそば〕(60元)などあるが、油飯がダントツの人気らしい。

麦芽花生糖の店、蔡記《ツァイジー》。店頭での実演販売。水あめのような「麦芽糖」をこね、ピーナッツ粉をたっぷりまぶしながら、伸ばしていく。

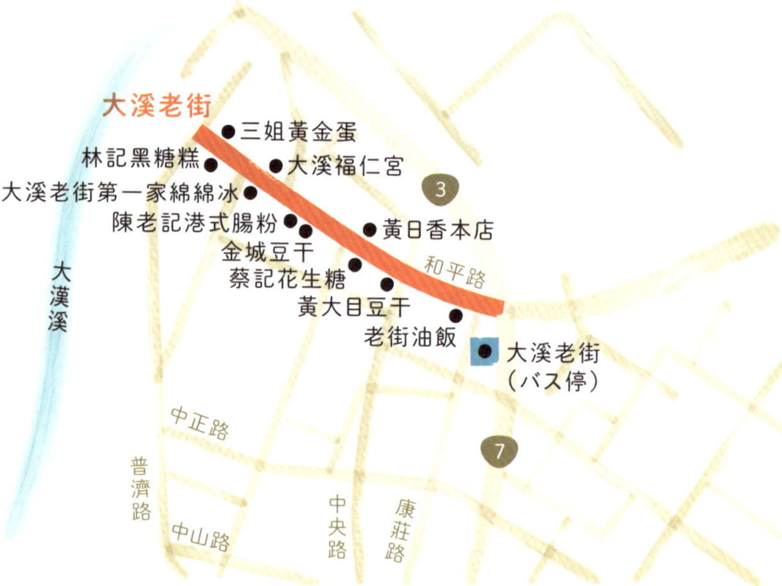

Access

台北駅から台湾高速鉄道で桃園駅下車。駅前からの路線バスで大渓老街で下車。

中部

北埔
南庄
十三間
鹿港
太平

北《ベイ》埔《プー》老《ラオ》街《ジェ》

客家文化が今も息づく
山間の老街

台湾北西部に位置する新竹《シンジュー》県の山間にある北埔集落。人口の三分の二が客家《はっか》人といわれる新竹県の中でももっともその割合が高く、「客家の里」とも呼ばれている。

客家とは、一七世紀頃、大陸から台湾に移り住み、土地を開墾、開拓して自分たちの故郷をつくった人々のことを指す。台湾先住民や福建省からの移民のあとに入植したために、平地に土地を持てず、仕方なく新竹県や苗栗県の山間部に移り住んだという。食や住宅や祭りなど、独自の文化は客家文化として今も息づいている。

北埔には車かバスで行くのが便利だ。バス停を降りてしばらく歩くと、鮮やかな彩色を施された寺院が見えてきた。地元の人々が信仰する慈天宮である。一八三〇年代に北埔を開拓した広東省出身の姜氏が大陸から観音菩薩を迎え、建立した。この寺院を中心に北埔老街は広がる。

小さな老街にもかかわらず、多くの史跡が残っているのがこの老街の特徴だ。北埔の中でもっとも古い建築様式をもつ「天水堂」は、客家人の伝統的家屋の姿を今に伝えている。さらに、北埔の開拓を円滑に進めるための指揮所であった「金広福公堂」は四合院作りで国指定の史跡となっている。

これらの史跡を結ぶように、狭く曲がりくねった路地が広がる。この細い路地と赤レンガを積んだ家屋が、客家の街の特徴のひとつとなっている。入り組んだ細い路地は、入植した客家人と先住民との間の争いの中で、自分たちの街を守るための工夫の一つだといわれている。古い建物が点在するエリアから少し離れたところに、飲食店や土産屋が軒を連ねる通りがあった。ここもやはり客家づくし。客家の伝統茶である「擂茶」（茶葉と雑穀類をすりつぶしてお湯で溶いた茶）の店や名物「石柿」（干し柿）の店が並んでいる。店員の威勢のいい声を浴びながら、ゆっくりと品定めをするのも楽しい。時間に余裕があれば、客家料理店で、客家ならではの料理を試してみるのもいいかもしれない。ちなみに、客家料理は味付けが全体的に濃く、塩味も強い。台湾の醤油や酒で強く濃く香り付けしてあり、こってりと脂っこいのが特徴だ。

余談になるが、台北から山沿いを縦に走る「台湾省道三号線」（台三線）沿いには、北埔、三義、竹東など、客家の街が多くある。そのため近年、台三線は客家ロマンチック街道とも呼ばれ、観光客の人気を集めているそうだ。

老街の中心部(慈天宮前の広場)にある古厝小吃店(古厝《グーツゥオ》食堂)。板條《バンティアオ》客家《クェジャ》鹹《シェン》豬肉《ジュロウ》、菜脯《ツァイフー》蛋《ダン》など、この地方の伝統的な客家料理が人気。客家擂茶も飲むことができる。

古民家をリノベーションしたカフェや土産物屋さんがたくさんある。

北埔老街のメインストリート。両側には客家料理や客家伝統菓子、干し柿や擂茶の店舗が並び、多くの買い物客が行き来している。

慈天宮。観世音菩薩を奉ったお宮。北埔の中央に位置し、住民たちの信仰の場所であるとともに、集会所や催し会場としても利用されている。

慈天宮の前ではいつも旅行者の記念撮影が行われている。

姜阿新洋樓。紅茶の生産・販売で財を成した姜阿新氏が住まい兼接待の場として建てた邸宅。1946年に建てられ、中国風・欧風・和風のスタイルが見事に融合した名建築で、現在は県の古跡にも指定されている。建物は幾度も他人の手にわたっていたが、2012年に姜家の子孫が買い戻した。

天水堂。「姜屋」とも呼ばれている。老街最大の規模を誇る民家で、北埔開墾初期に活躍した姜秀鑾氏が建設した。玄関の屋根は両端がぴんと跳ね上がった燕尾様式で、母屋は客家伝統の構造と佇まいを保っている。現在も姜氏の子孫が居住中のため、建物外観のみ参観可。

北埔の名物として有名なのが「石柿(干し柿)」。メインストリートには、この石柿を売る店が数多く並んでいる。店頭で試食させてくれるので、自分の気に入った味の石柿を選び、「逛街《グァンジェ》(ブラブラしながら買い物をしたり何かを買って食べたりする散策のこと)」するのも楽しい。

石柿《シーシー》

「石柿」は新竹県の気候を活かした特産品。新竹県では秋から冬にかけて冷たく乾燥した「九降風」が吹く。その風を利用して、毎年10月下旬から作られる。渋柿の皮を剥いて太陽の下に7日ほど干して乾燥させると、やさしい甘みのある干し柿ができる。石柿が台湾産、筆柿が日本産、というように、柿の産地ごとに異なる名称で売られている。

Access

①台湾高速鉄道新竹駅下車、あるいは台鉄竹北駅下車で観光シャトルバスに乗り換え北埔で下車。
②台鉄内湾線竹東駅下車、新竹客運バスに乗り換え北埔下車。

メインストリートから一歩入った路地には、昔ながらのレンガの建物が建ち並んでいる。時折、おしゃれなカフェなどに出会う。写真右は、日本時代に建てられた古民家を改装したお店「水井茶堂《シュイジンチャタン》」。ここでは北埔老街名物「擂茶」を体験できる。

南庄老街《ナンジュアンラオジエ》

日本統治時代の面影が強く残るキンモクセイの老街

台湾の北西部、台北から電車で約一時間半のところにある苗栗《ミャオリー》県。山と海がある自然豊かなエリアで、最近では台湾の人々の週末の休養地として人気が高まっている。この苗栗県の東北部にあるのが南庄である。約二百年前に客家人によって開拓された郷で、今もなお多くの客家人が居住する。そのため、街中には客家料理専門店や客家の伝統茶である客家擂茶《レイチャ》の店、餅米や黒糖を原料とした客家由来の餅や菓子などの店が数多く並んでいる。

この南庄で、今なお古き良き街の風情を残しているのが南庄老街だ。南庄を訪れた人は必ずといっていいほど足を運ぶ人気のスポットで、中でも「桂花巷《グイファシャン》」と呼ばれる細い路地には、店や屋台がひしめくように軒を連ね、多くの観光客でにぎわいを見せている。桂花とはキンモクセイのこと。周囲の山々にキンモクセイが咲き誇っていたことからその名が付いたといわれている。

桂花巷の路地を歩いてみる。この地の特産である桂花《グイファ》の名を冠した名物を売る店が並ぶ。桂花蜜に桂花釀《グイファーニャン》（キンモクセイのシロップ）、桂花梅《グイファーメイ》（キンモクセイ風味の梅）など桂花三昧。ひとたび路地に入れば、キンモクセイの香りに包まれる。その中でもひときわ多くの人が並んでいた店があった。江記花蜜《チャンツィファーミ》という桂花巷冰鎮湯圓《ビンツェンタンユェン》（団子にキンモクセイの蜜をかけたかき氷）を売る店で、老街一の人気を誇るスイーツだ。

人混みをかき分け、さっそく買って食してみる。氷の中にはバナナやリンゴなどの季節のフルーツが入っている。キンモクセイの蜜がたっぷりとかけられているが、見た目ほど甘くはない。かき氷の冷たさと相まって、蜜の甘さがさわやかに口に広がる。老街散策で疲れた体を癒やしてくれるスイーツだ。

桂花巷の路地を上ったところには、百年以上前の一八九九年に創建された木造の郵便局がある。日本の風情を感じられる建物で、南庄老街を代表する日本統治時代の文化財の一つだ。現在は、南庄文化会館として観光客に公開されている。この郵便局の建物のすぐそばに、石段が設えられた細い坂道があった。永昌宮《ヨンチャンゴン》という道教の廟へと続く坂道で、「乃木崎」という標識が掲げられていた。読めば、かつて台湾総督であった乃《の》木《ぎ》希典《まれすけ》が、住民の通行に不便だからと作らせた石段で、住民たちが感謝の意を表するために「乃木崎」と命名したらしい。

異国の街なのに、なぜか懐かしさを感じる南庄老街。キンモクセイの香りが、遠い時代にここに住んでいた日本人たちの残像を立ち上らせるからかもしれない。

南庄の街並み。客家料理の店や小さな町工場のような建物が軒を連ねている。

桂花巷。巷とは大通りから伸びる路地のこと。地元の名産であるキンモクセイの名にあやかって命名された。キンモクセイの小路を意味する。

路地に入ると、老街らしい静けさが広がる。表路地と異なり、裏路地は人もまばら。

キンモクセイを使った桂花球《グイファーチィウ》（焼き菓子）や桂花糕《グイファーガオ》（蒸し菓子）などのスイーツが店頭に並ぶ。どれもキンモクセイ独特の香りを楽しめる。

1899年の日本統治時代に建てられた旧南庄郵便局。ヒノキ造りの木造日本式建築で、百年以上の歴史を誇る。現在は「南庄文化会館」として人気観光スポットとなっている。

1905年創建の廟。媽祖を含めた様々な神様を祀っている。地震の影響で一度移転、その後再度工事を経て1986年に現在の姿に。この廟の右手にある坂道が乃木崎。

この坂の石段は、日本統治時代に当時の台湾総督・乃木希典が、町の人々の利便性を考えて造ったもの。そのため、この石段は彼の名前にちなんで「乃木崎」と名づけられた。「崎」は「階段」という意味。

老街の路地には特産品の桂花釀（キンモクセイのシロップ）を売る店が数多く並んでいる。

桂花釀。釀は「〇〇漬け」を意味し、キンモクセイの花を乾燥させ、砂糖や蜂蜜に漬け込んで作られるのが桂花釀。あっさりした甘さで、料理などにもよく使われる。

桂花氷鎮湯圓《グイファビンチェンタンユエン》

南庄老街で一番人気のスイーツ。氷の上にフルーツともちもちの小さな団子がのせてあり、その上に桂花の蜜をかけて食べる。桂花の甘い香りがほんのり漂い、フルーツのさわやかな甘さと相まって、氷の清涼感を引き立たせている。ぜひ一度試してほしい一品。

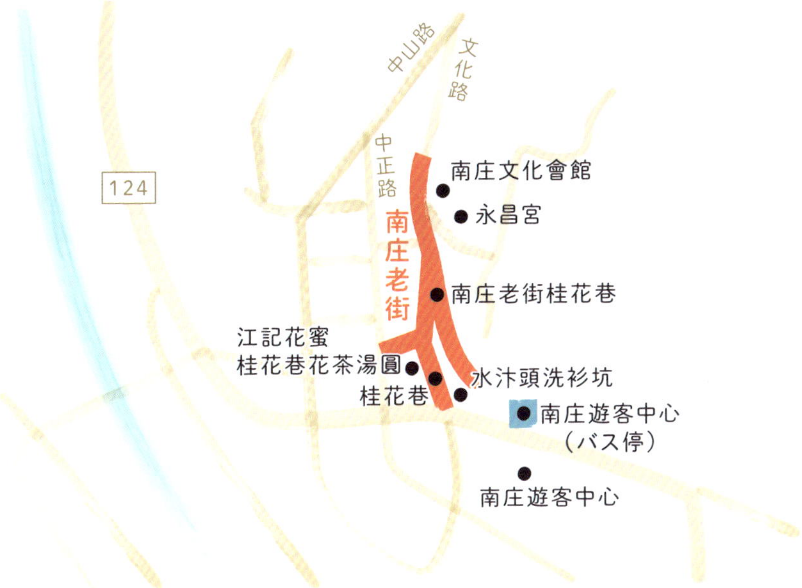

Access

縦貫線竹南駅下車、観光シャトルバスに乗り換え、南庄遊客中心下車。

豬籠粄《ジュロンバン》（草餅）、狗薑粽《ゴウジャンゾン》（チマキ）、桂花冰鎮湯圓、桂花梅、擂茶など、客家の町、南庄ならではの店が並んでいる。

十三間老街《シーサンジェンラオジェ》

個性的でおしゃれな店が人気の小さな老街

南庄老街と平行して走る中正路と中山路。ともに南庄のメインストリートとして様々な商店や食堂が並び、多くの人でにぎわいを見せている。そのにぎわいが消えるあたり、中山路の南端にあるのが十三間老街である。入り口には、十三間老街という文字が浮き出たレンガ造りの門柱のような建造物が置かれている。

南庄は、鉱業と林業で栄えた歴史をもつ。その石炭や木材の運搬路としてにぎわっていたのが十三間老街だ。全盛期、この通りに十三軒の家が建ち並んでいたと言われており、それが地名の由来となっている。残念ながら、鉱業や林業が次第に衰退。街も徐々に活気を失っていった。

しかし近年、南庄老街の風情に魅せられてその近辺に移り住む者が増加。そうした動きの中で、手つかずの古民家が多く残る十三間老街に若者たちが注目した。古い家屋と得難い素朴な風情を活かした店をつぎつぎにオープン。いつの間にか、洒落た老街として知られるようになった。自然食品を扱う十三間手作農坊を筆頭に、大きな鉄鍋を使って豆を炒ることで有名な鉄鍋珈琲、猫関連の雑貨を扱う十三猫雑貨店など、ユニークで個性的な店が点在している。

およそ百メートルほどの老街なので、通りを歩くだけなら五分もかからない。お気に入りの店に入ってのんびり食事をしても一時間もあれば十分。ゆっくりと休憩して隣の南庄老街に戻る、そんな老街めぐりもいいかもしれない。

この老街には個性的な店が多い。
猫に関する雑貨だけを集めた雑貨
店や自然食品の店などがある。

十三間老街
豬血湯
臭豆腐

十三喵雜

老街の入り口近くにある壁装飾。この街が木材集散地や炭鉱労働者の街として栄えた歴史を表している。

市街地のはずれにある大きな吊り橋「康濟吊橋」。対岸には南江老街という小さな古い街がある。かつては桂花巷を上回るにぎわいを見せていたという。

店舗よりも普通の住宅が多い。若者たちの手によるおしゃれな店が増えている今後注目のエリア。

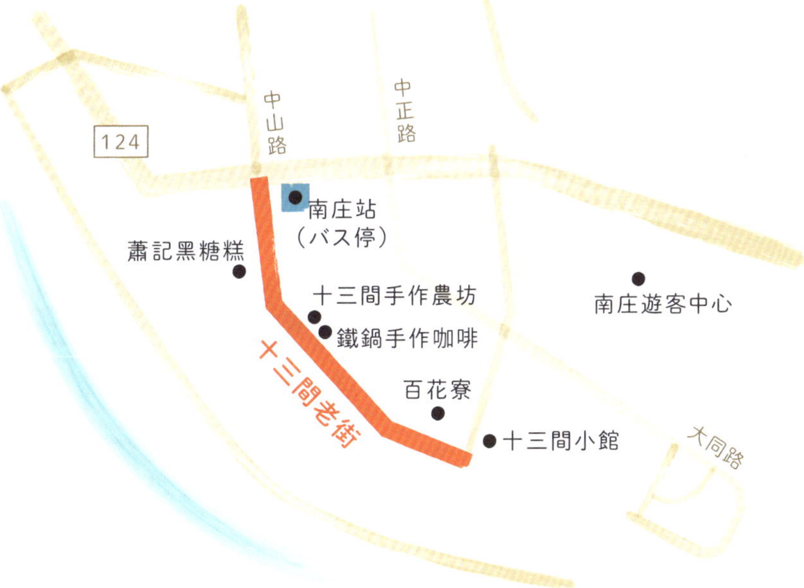

Access

縦貫線で竹南駅下車、観光シャトルバスに乗り換え、南庄站下車。南庄老街の隣。

鹿港老街《ルーガンラオジエ》

古の台湾風情を味わうことができる
人気の老街

ここ数年、台湾老街の中でも特に人気を集めているのが鹿港老街である。台湾中部の港町、鹿港にある老街で、休みの日はもちろん平日でさえも、お祭りのようなにぎわいを見せている。

鹿港の地名の由来は、その名が示すとおり、かつてこのあたりに数多く生息していた鹿が、海辺に集まっていたことからだといわれている。最初は鹿仔港と呼ばれており、その後鹿港となったらしい。かつて台湾で栄えた港のことを「一府二鹿三艋舺」と呼んだが、一は南の台湾府城のことで現在の台南を指し、三は北部の艋舺で現在の萬華のあたり。そして、二が中部の鹿港のことを指している。オランダ統治時代から清代、さらに日本統治時代を通して、米穀を中心とするさまざまな物資の集積地として大いに栄えた。

鹿港老街には、その往時の街の姿がしっかりと残っている。古の鹿港の商業地である瑤林街

と埔頭街には茶褐色のタイルが敷かれ、わずか二、三メートル幅の道の両側には、赤レンガの古い建物が連なっている。今様に改築され、飲食店や土産物屋へと姿を変え、道ゆく人々の歓心を買っている。特に鹿港南靖宮《ナンジンゴン》前の広場には、驚くほど大勢の人々が佇んでいた。

観光客であふれかえる鹿港老町だが、一歩細い路地に入ると、街の喧騒が嘘のように静けさが広がる。清代に造られた路地は、曲がりくねっており、しばらく歩き進めていくと、自分が今どこにいるのかわからなくなるほどだ。

この地方の伝統的な菓子「麵茶《ミィデェ》」（小麦粉に砂糖と水、胡麻やピーナッツなどを入れて練った伝統的な食べ物）に舌鼓を打ったあと、目的もなく後車巷という裏路地を歩く。途中、老街には似つかわしくないおしゃれなカフェや個性的なショップに出くわす。周囲とのミスマッチに驚きながらも、店に入って時間をつぶす。店の入り口が過去と現在をつなぐ扉のように思えてくる。観光地仕様ではないこの裏路地めぐりが、鹿港老街の最大の魅力といえるかもしれない。

鹿港には、この老街の他にも見どころが多い。三大古蹟とされる文祠《ウェンツー》、龍山寺《ロンシャンツー》、天后宮《ティェンホウゴン》など。特に古くから「三歩一小廟、五歩一大廟」（三歩歩けば小さな廟があり、五歩歩けば大きな廟がある）と言われるほど数多くの廟があり、それもまた街に独特な表情を与えている。さらに、街の中心部には大きな公設市場があり、生鮮食品から加工品、さらに衣服なども並び、朝から昼にかけては多くの人でにぎわう。

いつ、どこを訪れても、いろいろな楽しみ方ができる老街だ。

道幅2、3メートルほどの細い路地にはタイルが敷かれ、茶道具の店や土産物の店の他、名物料理の店や露店などがぎっしりと並んでいる。

かつては休日のみの混雑だったが、最近では平日でも数多くの観光客がやってくる。

建物はほどんどが清朝時代に建てられたもの。レンガ造りの壁が特徴。これだけ綺麗に残っている老街は珍しいとのこと。

糖葫蘆《タンフールー》とはサンザシやトマトを使った飴のこと。台湾では人気のスイーツ。いちご飴も一緒に売られている。

埔頭街の裏路地である後車巷にある「後車隘門」。主要な交通路であった後車巷の交通を管理し、また治安を維持することを目的として、鹿港の古い通りのあちこちにこのような隘門が作られた。これは今も残る門の一つ。

埔頭街にある南靖宮。1783年に中国福建省漳州府南靖県の出身者によって建てられたもので、関聖帝君《グァンシォンディジュン》を祀る。鹿港老街のランドマークとして、多くの人が集まっている。

埔頭街から一歩横道にそれると、人影まばらな細い路地が続いている。表通りよりもさらに歴史を感じさせる建物が軒を連ね、ここが老街であることを改めて思い起こさせてくれる。

「麵茶」は、「麵粉」という粉に砂糖を加えてお湯で練った、昔ながらの台湾スイーツ。麦の香りが香ばしく、甘さもひかえめの優しい味が特徴。日本でいえば「はったい粉」や「麦こがし」のようもの。

阿舎茶楼《アーシェアチャーロウ》

冰糖杏仁茶《ピンタンシンレンチャ》を正統な伝統的製法で作っている店。杏仁を細かく挽いて糊状の液体にし、氷砂糖を加えるという古法を伝承している。弱火で煮込んで作られた杏仁茶は濃厚でおいしく、自然の杏仁の香りもしっかり残っている。

Access

①台湾高速鉄道で台中駅下車、観光シャトルバスに乗り換え、鹿港乗車處下車。
②台鉄海岸線で彰化《チャンファ》駅下車、バスに乗り換え合作車下車。

多くのお店の入り口の門には赤い対聯《ついれん》が左右と上に貼られている。対聯とは門の両脇などに対句を記したもので、中国の伝統的な建物の装飾のひとつである。

鹿港老街の裏街ともいえる後車巷には、おしゃれなカフェや雑貨店が点在している。

太平老街《タイピンラオジエ》

個性ある装飾が施された 築百年以上の建物が並ぶ街

台湾中部にある雲林県《ユンリン》、その中で交通の要衝であり古くから商業の町として栄えてきたのが斗六市《トウリウ》である。現在でも県の政治、経済および文化の中心地として発展し続けている。その斗六市の中心部に、多くの車が周回して活気ある光景を見せる斗六圓環《ユエンファン》（ロータリー）がある。そこから伸びる六本の街路のうち、ひときわ多くの人でにぎわいを見せているのが太平路であり、永福寺《ヨンフースー》という寺までの約六百メートルが太平老街と呼ばれている。

日本が台湾統治を始めた一八九五年頃、現在のロータリーには斗六媽祖《マーズー》廟があった。媽祖とは、台湾で敬愛される道教の女神で、もともと航海・漁業の守護神だったが、現代では水にかかわるものすべての守護神として崇められている。台湾には九百ほどの媽祖廟があり、斗六媽祖廟もその一つだった。その廟を取り壊し、ロータリーを造るとともに、街並みの整備を進め

たのも日本統治下のことであった。今も残るバロック様式の建物は、一九二〇年頃に造られたといわれている。以来、百年以上にわたって、この街を見守り続けてきた。

太平路を歩いていると、迫力ある建物群が威圧感をもって迫ってくる。どの建物も長い歴史を感じさせる重厚な面持ちで佇んでいる。特に目をひくのが上端部に造作されている装飾だ。女兒牆《ニュアーチャン》と呼ばれる部分で、所有者の名前や縁起物などが彫られている。また、二階部分の壁には細長い三枚の窓がはめられており、建物ごとにその枠の形が異なっているのがおもしろい。

太平老街の名物といえば、お米をすりつぶして蒸した伝統料理碗粿《ワーグイ》。「老街碗粿」という古くからの人気店があり、休日ともなれば多くの人が列を作る。また、最近では、「黄金薯《ファンジンシュ》」というスナックも人気。揚げたさつまいもに香辛料をまぶしたもので、味は胡椒味やチーズ味などいろいろある。屋台で買った熱々の黄金薯を片手に街を散策するのもいいかもしれない。

古くから斗六市の目抜き通りだった太平路。街の南北にある集落を結ぶ道路としてにぎわっていた。街並みには90年以上の歴史を誇るバロック様式の建築物が残り、今もなお多くの人々が行き来する生活道路だ。

三千
娃娃屋
老街店
勝麗西服號
5322296
foodpanda
EQX-3058

太平老街の典型的な商店建築様式。上から順に「女兒牆」(屋上についている壁。装飾の最も華麗な部分)「屋身立面《ウーシェンリーミェン》」(2階部分の窓が並んでいる壁)。「招牌《ジャオパイ》」(店の看板がある部分)「亭仔腳《ティンズージャオ》」(別名「騎楼」とも呼ばれる)と4つに分かれているのが特徴。「屋身立面」に窓が3つならんでいるのは日本統治時代の建物を代表するものらしい。

斗六の街のランドマークともいえる永福寺。斗六ロータリーからここまでの約600メートルが太平老街と呼ばれている。

名物料理である「碗粿」の店をはじめ、太平路には、庶民的なお店が数多く並んでいる。

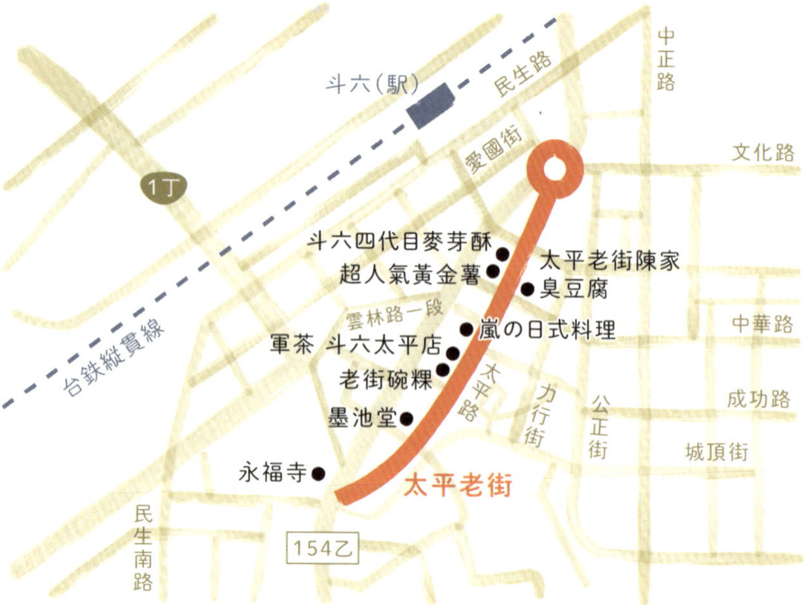

Access

海岸線で斗六駅下車、徒歩3分ほど。

スナック感覚で楽しめる黄金薯。スティック状になっているので、街歩きのお供にお勧め。

斗六四代目麥芽酥

太平老街で人気のかき氷屋さん。店頭でショーケースに入っているフルーツやシロップを自由に選んでトッピングできる。写真は洛神花《ルオシェンファ》(ローゼル)と小豆のかき氷。程よい酸味があって、夏の街歩きの休憩にぴったり。

南部

菁寮
新化
安平
神農
旗山

菁寮老街《ジンリャオラオジェ》

米どころに栄えた かつての宿場町

台南市の最北端、嘉義市《ジャーイー》との市境にある後壁区《ホウビー》。この区でもっとも栄えた集落が菁寮である。台南から嘉義へ向かう道の宿場町となっており、街中には酒屋、飲食店、宿、服飾店、薬屋、家具店などの商店が軒を連ね、大いににぎわっていたといわれる。今はもうその隆盛を知る由もないが、老街に今も残る古い家屋を見れば、刻んできた歴史の長さをうかがい知ることができる。ちなみに、菁寮という地名は、この街の主産業である染め物の原料として、菁という樹木を栽培していたため菁仔寮と呼ばれていたことに由来している。

そんな菁寮集落の中心部にある老街を歩いてみる。宿場町を彷彿とさせる広い道はきれいに舗装され、両側に立ち並ぶ家屋も修復されているものが多いようだ。伝統的な三合院造り（中庭を中心に三方に棟が並ぶ建築様式）の建物に赤レンガの平屋建ての家々。中でも昔の漢方薬

局の店舗である金徳興中薬舗《ジンデァシンジョンヤオプー》の建物は一際目をひく。二五〇年以上の歴史があり、伝統的な町家造りで釘は一本も使っていないそうだ。色鮮やかな彩色に精緻な彫刻が施された壁や柱は一見の価値ありだ。往時、この街に来れば、布団や日用品などほとんどの嫁入り道具を調達できることから、嫁入り道具街とも呼ばれていたという。

いろいろな店があるが、残念ながら休日のみ営業する店が多く、平日はほとんどの店が閉まっている。喧騒よりも静けさを求める人にとっては、平日に行くのがいいかもしれない。

この菁寮老街から少し離れたところに、「富貴《フーグイ》食堂」という店があった。ご飯に肉や野菜をのせた丼ぶりの「割稲飯《グェダオファン》」が有名で、地元の人はもとより、多くの観光客が舌鼓を打っている。この「割稲飯」は別名「稲刈り飯」といい、稲の収穫時期に、農家同士が助け合って稲刈りをするのだが、手伝ってもらった農家はお礼に家で作った熱々のご飯を田んぼに運んでみんなにふるまったという。それが稲刈り飯、割稲飯の始まりだそうだ。

菁寮を含む後壁区は、米どころとして有名。そもそも、大陸からの移民たちが土地を開墾し農業を始めたのがこのあたりの集落の始まりである。まさにそんな米どころならではの名物料理といえようか。

金徳興中薬鋪。250年の歴史を持つ町家形式建築で、色鮮やかな彩色や精緻な彫刻が美しい。

通りは舗装され、観光地化が進んでいるが、両側の木造建築の家々は昔のまま。かつての宿場町の風情が残っている。

昌
診
所

一條50元

雞捲 50
熱狗 30
地瓜 20
炸粿 20
豆腐 35

福
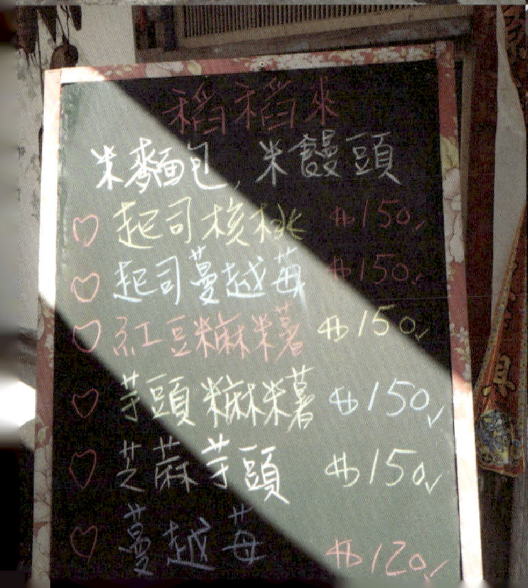
稻稻米
米麵包　米饅頭
起司核桃 $150
起司蔓越莓 $150
紅豆麻糬 $150
芋頭麻糬 $150
芝麻芋頭 $150
蔓越莓 $120

福家碾米場《フージャニェンミーチャン》。「碾米」とは、稲を脱穀した後、籾を籾殻と玄米に分ける籾摺りを指す。室内には、今では珍しくなった木製の籾摺り機があり、現在も稼動している。

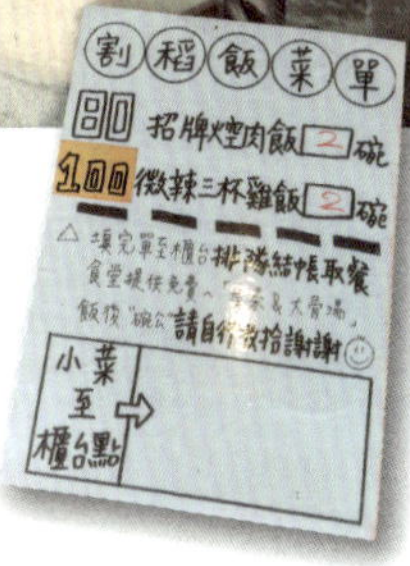

中心部から少し離れたところにある「富貴食堂」。街一番の人気の食堂で、地元の人はもとより観光客も大勢やってくる。稲刈り飯が有名。

割稻飯《グエダオファン》（稲刈り飯）

富貴食堂の人気メニュー。炊きたての白米の上に、じっくり煮込んだ豚バラと湯葉をのせ、さらに青野菜とタケノコがトッピングされている。たしかに、稲刈りで忙しいときにサッと食べることができるご飯だ。

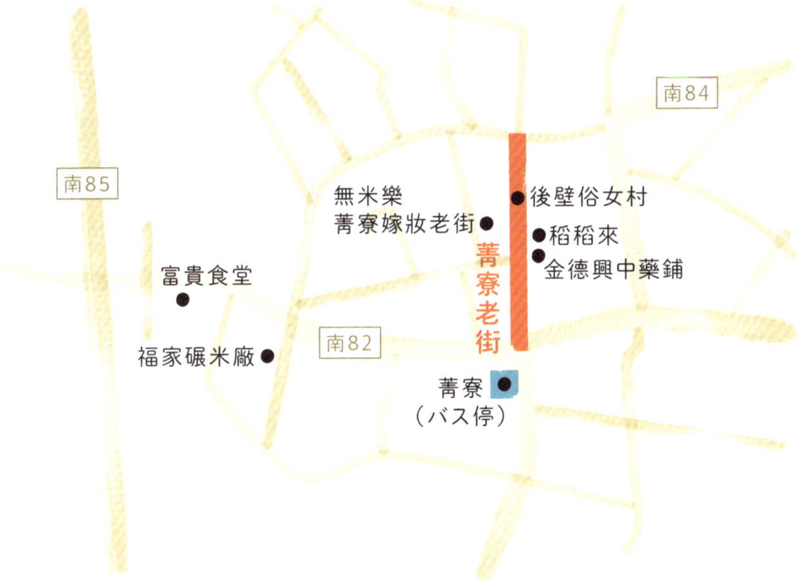

Access

縦貫線で後壁駅下車、バスに乗り換えて菁寮下車。

稲稲来《ダオダオライ》。この地区の集会所のような役割をしている場所。店名「稲稲来」は、台湾語の「ゆっくりいこう」を表す言葉の発音をもじったもの。休日のみの営業で、米粉100%パンや軽食を提供している。

新化老街《シンファーラオジェ》

華麗な建物群と小さなカフェのある街

台南の中心部からバスで四十分ほどのところにある郊外の街、新化。台南の都市部と山岳地域を結ぶ交易の要衝として栄え、今なお台南市中部の政治経済の中心地となっている。

もともとこの地は、台湾の少数民族であるシラヤ族が多く暮らしていた場所で、彼らの言葉で「山林の地」を意味する「大目降《ダームーシャン》」と呼ばれていた。新化となったのは一九二〇（大正九）年頃のこと。同時に市街地が整備され、道路も拡張されてほぼ現在の町割りができあがった。街のメインストリートである中正路には次々と建物が立ち並ぶようになり、商人や多くの買い物客が行き来する商店街として発展していった。これが、現在新化老街とよばれるエリアである。

新化老街に入るとまず目を引くのが、立ち並ぶ華麗な建物群である。日本統治時代の明治末

期から大正時代に建てられたもので、当時流行していたバロック様式で統一されている。日本の看板建築のように、正面部分に意匠が施され、壁面の上部には精緻な彫刻が刻まれている。すべての建物が同じようなデザインと色彩に統一されており、一幅の絵画のように美しい。

ちなみに、通りの西側は日本統治時代の初め頃に造られ、東側は政府の方針によって一九三〇年以降に建設されたといわれている。当然双方のデザインは異なり、観光客に人気があるのは西側の風景らしい。

老街と呼ばれているエリアはそれほど広くはなく、一時間もあれば回ることができる。街めぐりの最後に、通りのほぼ中心部にある「新化老街咖啡」に立ち寄ってみた。日本語が少しわかる老夫婦、コーヒー豆を挽くことから始める丁寧な手仕事、静かに流れる時間、窓の外には美しいバロック建築の街並み。小さい店だが街歩きで疲れた身体を休めるには最高の場所だ。コーヒーの香りがたちこめるカフェの中から見る老街は、また一味違うように感じられるにちがいない。

普發米穀商店
TOY STORY

大苑子

老街のメインストリートである中正路。バロック様式の建物がずらりと並ぶ。遠くから見るとすべて同じようなデザインに見えるが、よく見るとそれぞれに異なる彫刻が施されている。新化老街は、台湾の老街の中でもっとも美しい、といわれているらしい。

日本統治時代に作られた長い騎楼（2階部分が屋根になっている1階の半屋外スペース）は、商品の店頭販売の場所や住民の憩いの場として使われている。

美しく整備された表通りと異なり、一歩路地へ入ると地元の人々の生活感あふれる風景が広がる。

ここ数年、新化老街では古い建物を利用し、若い世代をターゲットにしたおしゃれなリノベカフェが増えているそうだ。

「新化老街咖啡」

中正路沿い、老街のほぼ真ん中にある新化老街咖啡。最近増えているリノベカフェとは異なり、素朴な感じが親しみやすい店。日本語が少しわかる老夫婦が物腰優しく接客してくれる。カフェラテはラテアートもしてくれる。街めぐりの休憩にぴったりの店だ。

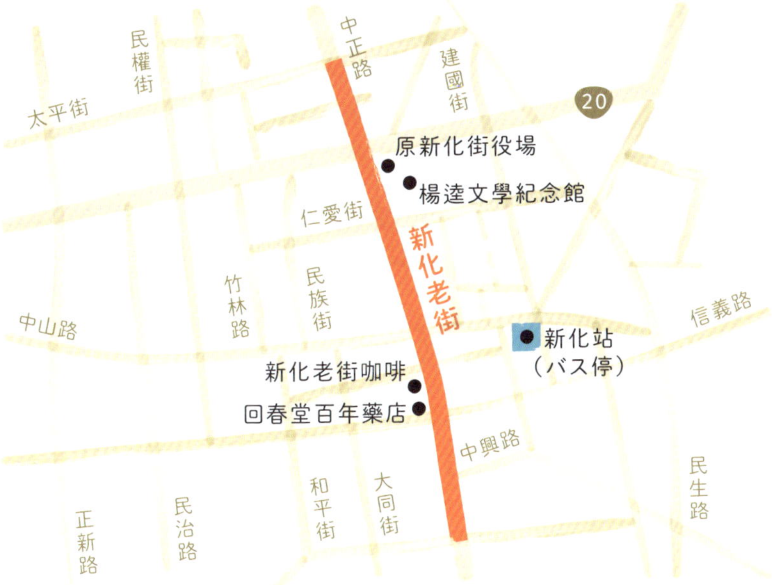

Access

縦貫線で台南駅下車、台南市バス（グリーンライン）に乗り換え新化站下車。

安平老街《アンピンラオジェ》

台湾一のにぎわいを誇る最古の老街

台湾の歴史をひもとくと、それほど長い期間ではないが、オランダに統治されていた時代がある。一六二四年、オランダの東インド会社が台湾南部を制圧したことによって始まるもので、のちに台湾の英雄と呼ばれた鄭成功によって駆逐されるまでの三十八年間である。このオランダ統治時代に首府が置かれたのが安平であり、現在安平古堡と呼ばれるゼーランディア城を築いて本拠とした。城を中心にオランダは街づくりを進め、その結果、商家が数多く生まれ、安平は繁栄していくことになる。

その後、清朝、日本と統治者が変わる中で、城も街も一時は荒れ放題となってしまうが、日本統治後は再建され、古の姿を今に伝える歴史地区として多くの観光客が足を運んでいる。

この歴史地区に隣接するのが、安平老街である。延平街を中心に、効忠街と中興街を合わせ

たエリアで、延平街は三〇〇年以上の歴史があり、台湾でもっとも古い商店街だといわれている。その歴史に違わず、延平街に一歩足を踏み入れると、お祭りが行われているかのようなにぎわいだ。狭い道の両側には土産物屋や露店が並び、普通に歩くのもままならないほどの混みようだ。玩具屋や菓子屋やアクセサリーショップなど、さまざまな店が軒を連ねているが、特に目立つのが「蝦餅《シァビン》」と「蜜餞《ミージェン》」の看板。蝦餅の店の前を通ると、必ず試食用に煎餅を手渡される。蜜餞とはフルーツのシロップ漬けのことで、地元では人気が高いようだ。

にぎやかな延平街から伸びる細い路地に入っていくと、雰囲気はがらりと変わる。赤レンガの民家が軒を連ね、さっきまでの喧騒が嘘のような静けさが広がる。効忠街、中興街には軒の低い家が続き、レンガや漆喰の古びた風合いが、老街ならではのノスタルジックな気分にさせてくれる。

海が近い安平なので海産物が豊富だが、中でもエビを巻いた蝦捲《シャージェン》がお勧めだ。周氏蝦捲という専門店があり、揚げたての蝦捲を食することができる。エビがぷりぷりしていて、ついつい追加で注文したくなる。老街に足を運んだらぜひ立ち寄ってみたい店だ。

ちなみに、この安平は、かつては「大員《ダイワン》」と呼ばれており、それが「台湾」という名前の由来になったといわれている。

安平老街のメインストリート
である延平街。

延平街の両側には土産物屋や雑貨店などがぎっしりと並んでいる。昔懐かしい菓子や装飾品、小吃《シャオチー》があり、食べ歩きをしながらのんびり散策できる。

安平老街は夜もにぎやか。昼とはまた違った屋台や露店が現れる。

にぎやかな延平街から細い路地に入ると、オランダ統治時代の面影を残す赤レンガの民家が多く残るエリアがある。茉莉巷（ジャスミン通り）や胭脂巷（頬紅通り）には古くからの集落が残り、安平老街のもう一つの顔を見せてくれる。

安平老街の名物菓子といえば蝦餅（エビせんべい）と蜜餞（フルーツの砂糖漬け）。とくに蝦餅の店は多く、歩いていると何度も試食を勧められる。

台南地方の伝統菓子、椪餅《ピンポン》。中は空洞で、麦芽糖や黒糖などが内側にぬられている。赤いマークの刻印は店によって異なる。

「周氏蝦巻《ズォシーシャージェン》」

台南グルメの一つとして人気の蝦捲（エビ巻き）。台湾南部を中心に数多くの店舗を展開しているのが周氏蝦捲。同店は特に新鮮な食材にこだわっていることで知られており、蝦捲以外にも、台南ならではの擔仔麵《タンザイミェン》や魚羹《ユーゴン》が人気だ。

延平街の寺院では、宴会準備が粛々と進められていた。

Access

縦貫線台南駅下車、観光シャトルバスに乗り換え安平古堡（安北路）下車。

神農老街《シェンノンラオジエ》

おしゃれな店が並ぶ
小さな老街

台南エリアには、台北エリアとはまた異なる趣の老街が数多く残っている。なかでも、ここ数年若者たちからの人気が集まっているのが神農老街だ。台南駅の西側、海安路と民権路の交差点近く、約三百メートルほどの細い路地がその老街である。

海安路から伸びる路地に入ってみる。石畳の道の両側には古民家を利用した雑貨店やカフェ、おしゃれなレストランや菓子屋が軒を連ねている。聞けば、この老街の雰囲気が気に入った若者たちが、次々とお店をオープンさせているらしい。どうりで、若い人たちからの人気が高まっているわけだ。

石畳の道はかつては近くの五條港《ウーティエガン》につながる運河だった。船で荷が運ばれ、運河沿いに立ち並ぶ貿易商たちの家屋に運ばれた。家屋は一階が店で二階が倉庫になっており、荷は船から直

接二階の倉庫に吊り上げられた。そのため、二階にも入り口が造られて、その入り口の跡がいくつかの家屋に見ることができる。

通りの中ほどには、金華府《ジンファフー》という小さな廟がある。かつてこの辺りで権勢を誇っていた許《シュ》家によって建てられた廟で、許家の守り神が祀られている。立ち並ぶ古民家の間にひっそりと佇んでいるのが印象的だ。

さらに、通りを歩いていくと、突き当たりに大きな廟がある。こちらは三協境全台開基薬王廟《サンシェジンチェンタイカイジーヤオワンミャオ》とよばれる廟で、一六八五年に建立された台湾最古の薬王廟だといわれている。農耕と医薬を司る神様を祀っており、ここに祀られている神農大帝が、神農街という名前の由来になっている。この薬王廟の二階からは、神農老街を一望することができる。

神農老街を訪れるなら、午後からがおすすめだ。というのも、ほとんどの店が午後からの開店。特にカフェやレストランは夕方からオープンする店が多い。さらに、できれば夜の神農街をぜひ訪れてほしい。あたりが暗くなる頃、道端や店につけられた提灯に火が灯り、街全体が幻想的な雰囲気に包まれる。薄い暗闇の中、古い時代の面影を残す建物を見ながら、提灯のほのかな明かりを頼りにそぞろ歩けば、気持ちもじんわりとほどけてくる。それこそが神農老街の一番の魅力かもしれない。

わずか300メートルほどの通りに、ぎっしりと並ぶ町家造りの民家。現在では、そのほとんどがカフェや雑貨店に生まれ変わっている。手作りの工芸品や台湾の伝統的な菓子や茶葉など、台南の伝統を体感できる一方で、トレンドを踏まえた店も数多くあり、今や若者に人気の老街となっている。

神農老街は2つの顔をもつといわれる。カフェがにぎわう昼の明るい顔と、バーがにぎわう夜の静かな顔。特に夜は街中の提灯に火がともり、街は幻想的な雰囲気に包まれる。

建ち並ぶ民家のあいだにひっそりとある「金華府」。1830年の建立で、かつてこのあたりで勢力を持っていた“許”姓の人々によって建てられた廟。許家の守り神が祀られている。

神農街の一番奥に鎮座する道教寺院、三協境全台開基薬王廟。神農街の由来にもなっている神農大帝を主祭神に祀る薬王廟で、全国から多くの参拝客が足を運ぶ。

神農老街には、古い建物を利用した古民家カフェや雑貨店がたくさんある。特にカフェは個性豊かで、猫カフェや自然食カフェなど、若者たちのトレンドを意識した店が多い。(写真上)「五條港(5本の運河)」という名前を掲げる人気雑貨店「五條港行號《ウーティエガンハンハオ》」。店内には台湾の雑貨が所狭しと並んでいる。(写真下)「MUC COFFEE ROASTERS」は、日本の上島珈琲の系列店。

神農老街の近くにある南勢街西羅殿《シールォデン》で行われていた神事。西羅殿の創建は1718年、郭《グォ》一族によって建てられ、広沢尊王《グァンゼーズンワン》が祀られている。この日は、広沢尊王の生誕祭だったようだ。

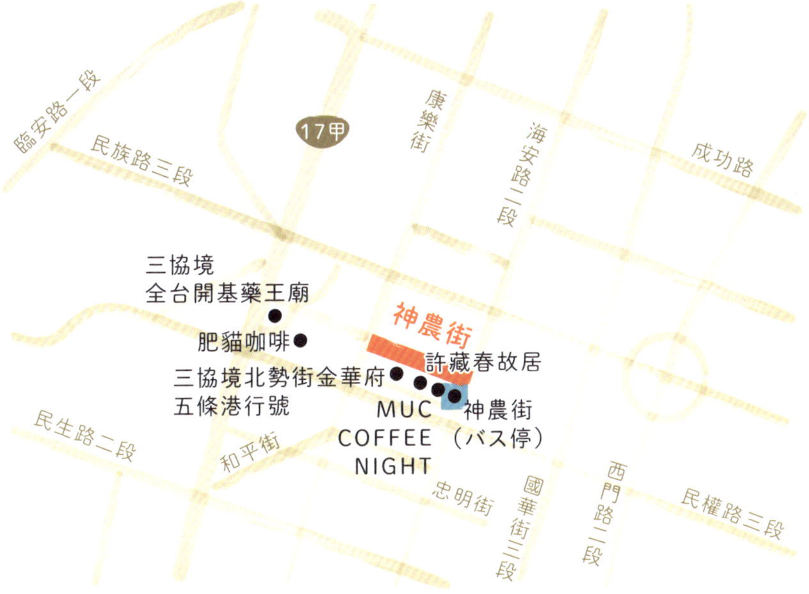

Access

縦貫線台南駅下車、バスに乗り換え神農街下車。

旗山老街《チーシャンラオジェ》

製糖とバナナで栄えた
山間の活気みなぎる老街

高雄市内からバスで約一時間、三千メートル級の山々が連なる中央山脈のふもとに旗山の街はある。古くから平野と山の交易の拠点であり、清の時代からサトウキビの集積地、製糖の街として大いに栄えた。日本の大正時代には鉄道が敷設され、旗山駅はその中心駅として、多くの乗降客でにぎわいを見せ、駅から伸びる道の両側には食堂や商店が出店し、大きな繁華街がつくられていった。それが、現在の旗山老街である。

しかし、時代が進むにつれてサトウキビ産業は衰退。それに危機感をもった人々が代わりに栽培し始めたのがバナナだった。温暖な気候に恵まれ、瞬く間に旗山はバナナの一大集散地となった。台湾から日本に輸出されるバナナの約六〇%が旗山のバナナだった。そのため全盛期、旗山は「黄金蕉城」（ゴールデンバナナシティ）と呼ばれていたといわれている。

老街のメインストリートである中山路を歩けば、道の両側に「香蕉《シャンジャオ》」の文字を数多く見つけることができる。香蕉とは中国語でバナナのこと。バナナクッキー、バナナケーキ、バナナエキス入りのドリンクなど、まさにバナナのオンパレードだ。

地元で人気の香蕉冰紅茶《ピンホンチャ》を買って飲んでみる。さぞや甘いのでは、と用心したが、思いのほか甘くない。バナナの甘い香りと相まって上品な味わいになっていた。

旗山老街の見どころは、バナナだけではない。まずは道の両側に連なるゴシック様式の建物、これらは台湾牌楼《バイロウ》建築という様式でヨーロッパで建築を学んだ日本人建築家が設計したといわれている。さらに、道路の歩道部分に石をアーチ状に積み上げた石門が続く場所がある。石拱《シーゴン》回廊と呼ばれる構造物で、まさに回廊と呼ぶにふさわしい。

それにしても、にぎやかだ。商店や食堂が軒を連ね、ひっきりなしに客が出入りしている。露店には新鮮な野菜が並び、客は品定めに余念がない。クラクションをけたたましく鳴らして走りすぎるバイク、客を呼び止める物売りの声。なんとも活気あふれる老街だ。

町の喧騒に疲れたら、老街の起点となる旗山駅に行くといい。駅舎としての役目はとうの昔に終え、今は糖鉄故事館として一般公開されている旗山駅周辺には、静かな時間が流れている。サトウキビの集積地として栄えた往時の旗山に思いを馳せるのもいいかもしれない。

復新街

旗山
製冰廠
Black Tea Shop
紅茶小舖
冰
老街春捲皮
香蕉酥春捲
潤餅皮
春捲皮

バナナの名産地だけあって、街中には香蕉(バナナ)の看板があふれている。バナナケーキをはじめ、バナナ味のソフトクリーム、バナナ味のかき氷、バナナパフェなど、さまざまなバナナスイーツを楽しむことができる。

老街のメインストリートである中山路には、レンガや石で造られたバロック風の建物が軒を連ねている。古典建築のアーケードが残っており、石をアーチ状に積みあげた回廊のような歩道は、台湾で唯一現存する貴重な構造物だ。

街のあちこちに、魚や野菜や特産物を売る店があり、路地は大変なにぎわい。大きな声が飛び交い、多くの人や自転車やバイクが忙しく行き来している。

老街の中心部から徒歩約5分の場所にある旗山天后宮《ティエンホウゴン》。1824年に創建され、約200年の歴史を持つ媽祖廟。毎日多くの参拝者が足を運んでいる。

旗山老街のほぼ中心部にある旧旗山駅。1910年代に建設されたこの駅舎は、日本統治時代に製糖鉄道旗尾線の主要駅として使われていた。ビクトリア様式とゴシック様式が融合した八角形の尖塔が特徴的。駅舎内は、製糖鉄道の歴史を伝える「糖鉄故事館」となっている。

月亮香蕉冰紅茶《ユエリャンシャンジャオビンホンチャ》

旗山老街で人気のバナナアイス紅茶の店。バナナオイルをつかった香蕉冰紅茶が看板商品。バナナの芳醇な香りとしっかりとした紅茶のフレーバーの組み合わせが絶妙。その他、バナナケーキも注文できる。

「麺線羹《ミュンシェンゴン》」の屋台。麺線羹はとろみあるカツオ出汁のスープに、カキやホルモンなどが入った素麺で、旗山老街の名物の一つ。

地元で人気の店。「楊桃杏仁露《ヤンタオシンレンロウ》」は、杏仁豆腐をスターフルーツジュースと一緒に飲むドリンク。スターフルーツジュースのほかに、紅茶や緑豆スープなどを混ぜることもできる。

老街で人気のパン屋さん「吉美《ジーメイ》麺包店」。店内にはバナナ関連商品がたくさん並んでいる。なかでも看板商品が香蕉蛋糕《ダンガオ》（バナナケーキ）。ふわふわのスポンジ生地にしっかりとしたバナナの風味がたまらない。

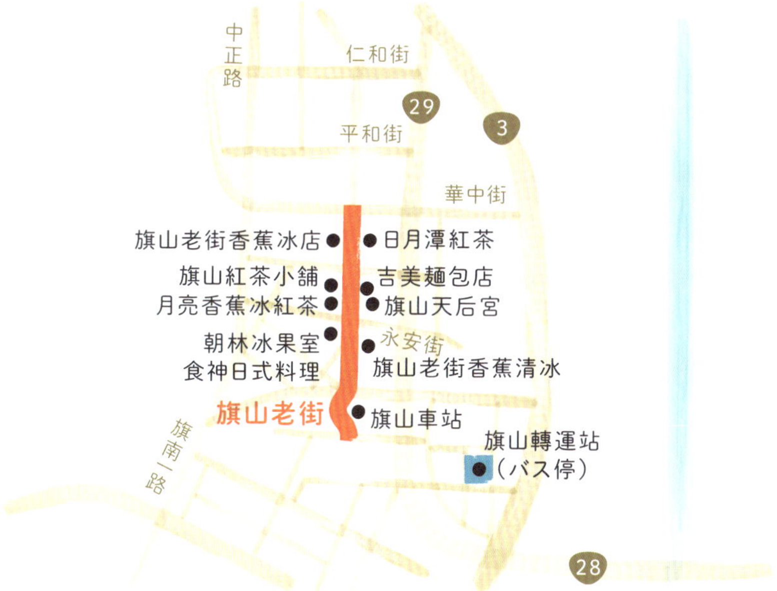

Access

台湾高速鉄道で左営駅下車、旗山快捷バスのE01路線で、旗山轉運站で下車、もしくはE25路線で中學路下車、徒歩5分。

台湾ノスタルジア　百年老街めぐり

2025年4月15日 第1刷発行
2025年6月16日 第2刷発行

撮影　清永安雄
原稿　志摩千歳・佐々木勇志
編集　及川健智
地図作成　山本祥子

デザイン　山際昇太＋永井亜矢子（陽々舎）

発行　株式会社産業編集センター
〒112-0011
東京都文京区千石四丁目39番17号
TEL 03-5395-6133　FAX 03-5395-5320
https://book.shc.co.jp

印刷・製本　株式会社シナノパブリッシングプレス

ISBN978-4-86311-439-5 C0026
Printed in Japan